全国教育科学"十三五"规划2018年度教育部重点课题"促进学生成长成才的高职发展性教学评价研究"（DJA180343）研究成果

服务学生发展　成就出彩人生
高职教育学生发展性教学评价理论研究与实践

刘英霞／著

中国纺织出版社有限公司

内 容 提 要

本书主要对高职教育中学生发展性教学评价进行了理论研究和实践探索。全书分为五部分，理论基础篇分析了中国特色高职学生发展性评价要义，论述了发展性教学评价的理论基础；体系构建篇分为发展性教学评价体系构建和评价模型构建；设计实施篇阐述了发展性评价方式的设计与实施；成效分析篇从基于量化SWOT分析的满意度评量和对发展性评价调查分析两个维度对评价成效进行论述；借鉴发展篇在参考国外教学评价的基础上，总结出对我国发展性评价的启示。

本书紧紧围绕国家最新政策和文件，理念先进，内容详尽，案例丰富，适合高职院校从事教育教学改革的教师们阅读和参考。

图书在版编目（CIP）数据

服务学生发展　成就出彩人生：高职教育学生发展性教学评价理论研究与实践 / 刘英霞著. -- 北京：中国纺织出版社有限公司，2020.6

ISBN 978-7-5180-7293-4

Ⅰ．①服… Ⅱ．①刘… Ⅲ．①高等职业教育—教学评估—研究—中国 Ⅳ．① G718.5

中国版本图书馆 CIP 数据核字（2020）第 059881 号

策划编辑：孔会云　　责任编辑：陈怡晓　　责任校对：楼旭红
责任印制：何　建

中国纺织出版社有限公司出版发行
地址：北京市朝阳区百子湾东里 A407 号楼　邮政编码：100124
销售电话：010 — 67004422　传真：010 — 87155801
http: //www.c-textilep.com
中国纺织出版社天猫旗舰店
官方微博 http: //weibo.com/2119887771
三河市宏盛印务有限公司印刷　各地新华书店经销
2020 年 6 月第 1 版第 1 次印刷
开本：710×1000　1/16　印张：10.5
字数：160 千字　定价：98.00 元

凡购本书，如有缺页、倒页、脱页，由本社图书营销中心调换

前　言

本书是全国教育科学"十三五"规划2018年度教育部重点课题"促进学生成长成才的高职发展性教学评价研究"（编号DJA180343）的研究成果。

评价是学生发展的基石。党和国家高度重视职业教育的人才培养质量，建立健全职业教育质量评价制度、体系和机制，是构建现代职业教育体系的关键环节和重要任务。《国家职业教育改革实施方案》指出"建立职教高考制度"，多种招考形式并存，使高职院校生源结构呈现多元化特征。因此，对高职学生的评价，不能单纯用学习成绩评判学生优劣。根据多元智能理论，应该用多把"尺子"衡量学生，建立科学的评价机制，激励"人人皆可成才、人人尽展其才"。发展性教学评价内涵符合高职教育发展规律和人才培养目标的要求，适合高职学生的学习行为特点和成长规律，有利于激发高职学生发展的内在潜力和态度，助力学生成长成才，有效推进高职教育的高质量发展。

全书以促进学生发展和服务高质量就业为主线，以构建发展性评价体系、评价模型为逻辑起点，以发展性评价的设计与实施为重点，分别从理论基础篇、体系构建篇、设计实施篇、成效分析篇、借鉴发展篇五个部分进行论述。

全书在设计和实施发展性教学评价时，注重突出以下特点。

一是评价主体多元化，发挥学生的主体作用。打破传统教学评价主体以教师为主，过多地强调甄别与选拔功能的限制，综合运用学生的自我评价、互相评价、小组评价等形式。同时，重视行业、企业的评价，为学生营造良好的职场化环境，充分发挥学生在教学和评价过程中的主体作用，激发学生学习动机，调动学生学习积极性。

二是评价标准多元化，促进学生个性化发展。高职院校学生生源结构呈现多元化特征，学生的入学水平差异较大。摒弃传统教学评价用一把"尺子"评价所有学生的不利因素，研究学生的特质，和学生共同研究制定因人而异的评价标准，重点关注学生的进步和发展，成就每个高职学生的出彩人生。

三是评价方式多元化，树立学生发展自信心。进行信息化背景下评价策略研究，注重将教学评价与信息技术充分融合，利用信息化手段实时生成教学过程中的评价数据，坚持线上评价与线下评价相结合、定量与定性评价相结合、过程评价与结果评价相结合，采用电子学档评价、表现性评价、即时性评价等方式，建立学生发展自信心。

四是评价内容多元化，服务学生全面发展。职业教育经历了"重知识、轻技能"到"重技能、轻知识"的演变，并最终回归到职业教育的本质，即"服务人的全面发展和促进就业能力提升"。在重新界定新时代育人目标的基础上，坚持评价内容综合化，即能力评价和素质评价并重，全面发展评价和个性发展评价并重，增值评价和学习成效评价并重，服务学生全面发展。

本书在撰写过程中，得到学校领导、同事们的大力支持和帮助，得到山东商业职业技术学院名师工作室资助，得到省内外职教专家、职教同仁的悉心指导和启迪，张季、吴娟娟、张锦涛老师不厌其烦地帮助组织完善案例，在此深表感激之情！本书学习、参考和引用了诸多职教专家的思想和研究成果，在此表示衷心感谢！

刘英霞

2020年2月

目 录

第一篇 理论基础 ······1

第一章 中国特色高职学生发展性教学评价要义 ······2
第一节 高职教育科学人才观 ······2
第二节 我国高职教育发展环境 ······6
第三节 中国特色高职学生发展性评价要义 ······9

第二章 发展性教学评价理论基础 ······12
第一节 教学评价概述 ······12
第二节 发展性教学评价的内涵 ······16
第三节 发展性评价之理论基础 ······20

第二篇 体系构建 ······25

第三章 高职学生发展性教学评价体系 ······26
第一节 高职学生发展性教学评价目标 ······26
第二节 高职学生发展性教学评价内容 ······28
第三节 高职学生发展性教学评价主体 ······33
第四节 高职学生发展性教学评价方法 ······38

第四章 高职学生发展性教学评价模型构建 ······53
第一节 发展性教学评价指标体系 ······53
第二节 雷达图视域下高职学生学习能力评价 ······59
第三节 基于层次分析法的高职学生学业成就评价 ······70

第三篇 设计实施 ······87

第五章 即时性评价的设计与实施 ······88
第一节 即时性评价的设计要素 ······88
第二节 即时性评价实施策略 ······89
第三节 即时性评价案例 ······91

1

第六章 表现性评价的设计与实施 ································ 97
第一节 表现性评价设计 ·· 97
第二节 表现性评价实施策略 ······································ 98
第三节 表现性评价案例 ··· 100

第七章 电子学档评价的设计与实施 ······························ 104
第一节 电子学档评价设计 ······································· 104
第二节 电子学档评价实施策略 ··································· 105
第三节 电子学档评价案例 ······································· 106

第四篇 成效分析 ·· 115

第八章 基于量化SWOT分析的发展性评价满意度评量 ············· 116
第一节 量化SWOT分析理论 ····································· 116
第二节 评价模型设计 ··· 117
第三节 量化SWOT模型应用 ····································· 120

第九章 高职教育学生发展性评价调查与对策探讨 ·················· 123
第一节 高职教育学生发展性评价调查研究 ······················· 124
第二节 高职教育学生发展性评价建议与对策 ····················· 131

第五篇 借鉴发展 ·· 133

第十章 教学评价的国际做法与启示 ······························ 134
第一节 美国的教育教学评价 ····································· 135
第二节 英国的教育教学评价 ····································· 138
第三节 德国的教育教学评价 ····································· 140
第四节 国外教学评价对我国的启示 ······························ 142

第十一章 我国高职学生教学评价的发展与创新 ···················· 144
第一节 我国教学评价的发展历程 ································· 144
第二节 新时代新目标需要创新评价模式 ·························· 146
第三节 高职生源结构多元化需要变革评价模式 ···················· 150

参考文献 ··· 158

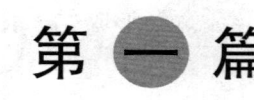

理论基础

第一章　中国特色高职学生发展性教学评价要义

《国家中长期教育改革和发展规划纲要（2010—2020年）》指出，"关注学生不同特点和个性差异，发展每一个学生的优势潜能。""探索促进学生发展的多种评价方式，激励学生乐观向上、自主自立、努力成才。"评价是学生发展的基石，我国高职教育是具有鲜明中国特色的教育模式，在教育教学评价方面不断探索，逐渐形成了一系列理念、模式和制度标准。

第一节　高职教育科学人才观

人才观的问题，涉及对人的评价标准或参照系的问题，人的智力类型不同，与其匹配并使其成才的目标、方式、途径也不同[1]。"人才是实现民族振兴、赢得国际竞争主动的战略资源"。党和国家领导人在2018年全国教育大会上指出，培养什么人，是教育的首要问题，教育必须把培养社会主义建设者和接班人作为根本任务，培养一代又一代拥护中国共产党领导和我国社会主义制度、立志为中国特色社会主义奋斗终生的有用人才。可见，人才资源是推动经济社会发展进步的第一资源，我国实现人才强国战略，迫切需要创新发展中国特色社会主义人才观。

《教育大辞典》中对人才观的解释是：关于人才现象和问题的基本观念体系，诸如对人才的本质、标准、成长过程和开发使用等每一方面的基本看法，它受一定的政治经济制度、生产力水平的制约，并受意识形态、伦理观念、文化传统和科学技术发展的影响，具有历史性和时代性。

一、中国古代的人才思想

中国人才思想是中国古代教育家、政治家、思想家对人才问题的探索和发现。在原始社会和奴隶社会，已经出现了人才思想的萌芽。春秋战国时期的人才理念主要体现在肯定了人才是国家繁荣昌盛的根本和反驳了才能是生而知之的朴素唯物主义思想。封建社会时期，出现了人才培训机构，由孔子的私塾到后期的官方学校。汉武帝的大学即为官方学校的开始，后期经历国子监、翰林院等多种不同的方式。古代选拔人才主张以德、行、学、识为本，不计种族、门第、亲疏选拔人才。鸦片战争后，中国的人才思想主要是批判封建社会的用人宗旨，宣传西方用人制度，提出了人才通过教育培养的主张，注重各类人才的培养。

谈及人才的重要性时，《诗经大雅》中有歌颂周文王尊贤礼士、善于用才成就大业的诗句"济济多士，文王以宁"；在如何使用人才方面，清末思想家魏源提出了用人思想"知人长处和短处方可以用人"；在选拔人才时，清代著名诗人龚自珍在《己亥杂诗》中有名句"我劝天公重抖擞，不拘一格降人才"[2]。

二、马克思主义人才思想

在马克思、恩格斯的众多著作中，"人才"一词提到少之又少，但相关的人才思想却内容丰富并自成体系，主要内容有人的本质理论、人的自由全面发展、杰出人才与人民群众的关系等，这些人才思想逻辑清晰、内容丰富，成为人才发展的思想源头[3]。

人的本质理论是马克思主义的重要组成部分，包括自然性、社会性和实践性。自然性是人的基本属性，人作为自然界的一部分，要想获得生存和发展，就必须通过一定的社会实践获取物质资料，这就是人的自然性。而社会性是人的本质属性，马克思认为："人是最名副其实的政治动物，不仅是一种合群的动物，而且是只有在社会中才能独立的动物。孤立地一个人在社会之外生产——这是罕见的事。"这是从社会关系中揭示人的本质。实践性也是马克思主义人的本质理论，人类的活动本身就是实践造成的，"全部社会生活在本质上是实践的"。

实现人的自由而全面发展是马克思追求社会更高形式的目标，也是马克思主义人才思想的核心。马克思从社会关系、人的劳动能力以及人的自由个性三个方面来揭示人的自由全面发展。首先，从社会关系的层面来讲，马克思指出，"社会关系实际上决定着一个人能够发展到什么程度"，这实际上揭示了人与社会相互影响的关系。其次，从人的劳动能力角度来讲，马克思认为，"我们把劳动力或者劳动能力，理解为一个人的身体，即活的人体中存在的、每当他生产某种使用价值时就运用的体力和智力的总和"，这揭示了人的自由而全面发展就是体力和智力的全面发展，就是劳动能力的提升。最后，从人的自由个性角度来说，"每个人的自由发展是一切人的自由发展的条件"，发展中的人才充满个性和自由，才是真正的全面发展。

三、我国高等职业教育人才观

社会上普遍认为,职业学校学生的学习质量低于普通学校。的确,以普通学校的考核标准评价职业学校的学生,成绩确实不理想,但这是不公平的。因为职业教育和普通教育是不同的教育类型,他们的培养对象、目标、模式有很大的区别。根据多元智能理论,每个学生都有自己的优势智力领域,学习和评价的过程应定位在如何实现学生自我更好地发展上。

(一)高等职业教育的内涵

发达国家和地区都非常重视高等职业教育,如美国、加拿大的社区学院,德国、日本的高等专科学校,澳大利亚的TAFE学院等,这些学院主要培养高技术应用型人才。在我国,高等职业教育培养高素质技术技能人才,为经济社会的发展提供了有力的人才和智力支撑。

姜大源教授从类型和层次两个维度,厘清了高等职业教育的定位,从哲学和教育学的角度诠释了其内涵。教育类型是指基于相同教育特征的教育种类,教育层次则指的是基于递进教育结构的教育范畴[1]。

教育类型不同主要有两个标志。第一,培养目标不同。无论是中等职业教育还是高等职业教育,都是以服务发展为宗旨、以促进就业为导向的教育。因此,对职业教育来说,就业导向的培养目标是显性存在的。而不管是普通中等教育还是普通高等教育,就业导向的培养目标是非显性存在的。第二,课程内涵不同。职业教育的规律集中体现在致力于实现职业教育培养目标,不同于普通教育基于学科知识系统化的静态课程结构,职业教育的课程结构是基于工作过程系统化的动态结构。《国际教育标准分类》将高等教育阶段面向"理论基础、研究准备、进入需要高技术要求专门化"的普通高等教育称为5A教育,与之相应的是基于知识储备的课程;将面向"实际的、技术的、职业的"高职职业教育称为5B教育,与之相应的是基于知识应用的课程。

教育层次不同也有两个标志。第一,教育功能的差别。高等职业教育的教育功能比中等职业教育"高",体现在高等职业教育的毕业生所从事的工作岗位的综合、全面程度及其所显现的责任、功能价值,高于中等职业教育毕业生所从事的工作岗位,实质上反映了工作过程复杂程度的高低。第二,教育内容的差别。高等职业教育的教育内容比中等职业教育"高",体现在高等职业教育毕业生要有能力驾驭策略层面的工作过程，而中等职业教育的毕业生一般只需要有能力把握经验层面的工作过程，实质上反映了工作过程的深广程度。

因此，高等职业教育在教育类型上属于职业教育，是国民教育系统中不可或缺的教育类型；在层次上，属于高等教育，在国民教育体系中具有层次的不可替代性。

（二）高等职业教育的人才观

职业教育的社会地位一直不高，《国家职业教育改革实施方案》明确指出"职业教育与普通教育是两种不同教育类型，具有同等重要地位"。由于高职教育和普通本科教育的培养对象、培养目标相差很大，用相同的标准去考核所有的学生显然是不科学的。党和国家领导人在2014年全国职业教育工作会议上指出，努力让每个人都有人生出彩的机会，打开了职业教育事业发展的新思路，树立了科学的高职教育人才观。

1. 培养高素质技术技能人才

关于应用性知识的内涵有两种：一种是涉及事实、概念及理解、原理方面的陈述性知识，要解答"是什么"和"为什么"的问题；一种是涉及经验、策略方面的过程性知识，要回答的是"怎么做"和"怎么做更好"的问题。职业教育是以服务发展为宗旨，以促进就业为导向，显然，应重视后者的培养。世界上许多经济强国，如德国、澳大利亚等，尽管国民收入居世界前列，但因产业结构主要是中高端制造业，仍需要大批技术精湛的技能型从业者。我国经济正处在转型期，随着新型工业化的推进和科学技术的发展，在未来相当长的时期内，制造业仍将是国民经济的主体。因此，适应技术进步和生产方式变革以及社会公共服务的需要，培养数以亿计的高素质劳动者和技术技能人才是职业教育的重要责任。使学生成为社会需要的人才，但不仅仅只是一个纯粹的职业人，而应该是一个既要生存、又要发展的社会人，为建设现代化经济体系、加快实体经济发展、推动产业转型升级、促进就业创业、增进民生福祉提供有力支撑。

2. 人人皆可成才

职业教育的价值，贵在人人皆可成才，人人都可以施展才能。当今世界，很多经济发达国家是在职业教育的帮助下发展起来的。高职教育培养的高素质技术技能人才是社会建设不可缺少的组成部分，是人才结构中非常重要的一环。因此，高职教育要关注受教育者的个性化差异，尊重每一个受教育者的特殊性，树立多样化、科学化的人才观。普通高等教育通过学习与教育，培养研究型、学术型或工程技术型专家；高职教育培养的是技术型、技能型、技艺型专家。他们是社会不同工作岗位、不同工作阶段、不同工作层面上的专家，对社会的发展和对人类的贡献，都是不可替代的。

第二节 我国高职教育发展环境

《辞海》中对环境的解释包含两个含义：一是指环境的所辖区域，二是指围绕人类的外部世界，是人类赖以生存和发展的社会条件和物质条件的综合体。本书所指的环境是第二种解释。在《教育大辞典》中，环境广义上指围绕在人周围，并给予一定影响的一切外部条件的总和，包括自然环境和社会环境。其中，社会环境包括某些经人改造过的自然物和条件，以及各种社会关系、教育、社会风气、习惯、文化设施、家庭、科学文化发展状况等。高职教育发展环境包括政策环境、社会环境、物质环境、舆论环境等。近几年来，职业教育被放到越来越重要的位置，高职教育的发展环境不断优化。

一、党和国家大力支持发展高职教育

党和国家领导人在2018年全国教育大会上指出，大力办好职业院校，坚持面向市场、服务发展、促进就业的办学方向，推进产教融合、校企合作，培养更多高技能人才。加快发展现代职业教育，对于发挥我国人力和人才资源巨大优势、提升实体经济综合竞争力具有重要意义，强调要切实把职业教育摆在更加突出的位置，加快构建现代职业教育体系。《国务院关于印发国家职业教育改革实施方案的通知》（国发〔2019〕4号）明确指出，把职业教育摆在教育改革创新和经济社会发展中更加突出的位置，大幅提升新时代职业教育现代化水平，为促进经济社会发展和提高国家竞争力提供优质人才资源支撑。党和国家对高职教育发展的重视和支持，为高职教育明确了推动地方经济转型升级、支撑"中国制造2025"等国家战略、带动更多职业学校高质量发展；在国家创新体系中发挥重要作用、彰显中国特色高职教育品牌和优势、支撑教育现代化；一批高职学校和专业（群）进入世界前列、支撑职业教育强国等建设目标和任务，使高职教育创新人才培养模式、育人机制和评价模式成为可能。

二、高职教育逐渐得到社会认可

高职教育是我国首创的教育类型。伴随改革开放后经济的转型升级，高职教育从无到有、从小到大、从弱到强，已经站在新的历史起点上。《国家职业教育改革实施方案》和《关于实施中国特色高水平高职学校和专业建设计划的意见》的公布实施，为新时代高职教育发展提出了要求，指明了方向。近年来，我国高职教育快速发展，迎来了黄金时代。截止到2018年，全国共有高职院校1418所，高职在校生达到1134万人，5.8万个专业点覆盖了国民经济的主要领域，毕业生半年后就业率达到92.1%，2017届毕业生对学校满意度达到86%。近三年来，850万家庭通过高职教育拥有了第一代大学生，有力促进了教育公平、社会公平。据统计，在现代制造业、战略性新兴产业和现代服务业等领域，一线新增的从业人员70%以上来自职业院校毕业生，有力提升了我国人力资本素质，支撑了经济社会发展。与此同时，高职教育的吸引力也越来越强。

2008年开始举办全国职业院校技能大赛，对职业教育发展发挥了极大的促进作用，已经成为推动我国职业教育发展、增强职业教育影响力和吸引力的重要制度设计。从2015年起，国务院将每年5月的第二周定为"职业教育活动周"。活动周的设立，是国家弘扬劳动光荣、技能宝贵、创造伟大的时代风尚，促进大众创业、万众创新，加快发展现代职业教育的又一重大举措，是一个展示职业教育风采、提高职业教育社会影响力的重要平台。高职教育多措并举，不断扩大优质职业教育供给，提高职业教育的吸引力和影响力，已经逐渐得到社会的广泛认可。

三、高职教育资金投入大幅度增加

从2018年中国高等职业教育质量年度报告的数据看出，高职生均公共财政经费继续增长，全国有19个省份生均公共财政预算教育经费支出超过12000元。各级政府持续加大职业教育公共财政投入，高职奖学金、助学金分别覆盖近30%和25%以上学生，优化了教育结构，促进了教育公平和社会公平。山东省2018年各公办高职院校生均拨款实现大幅度提高，生均达到11820.79元，比上年提高30.43%。高职教育投入资金的大幅度增加，为高质量发展奠定了坚实基础，为深化办学体制改革和育人机制改革提供保障，有利于大力营造重视技术技能人才的良好社会环境。

四、信息技术使个性化成才成为可能

信息技术对教育具有革命性影响，正促使学校形态、学习方式和组织方式发生深刻变革。加快职业教育信息化发展，是提高职业教育质量、实现职业教育现代化的必然要求。高职教育建设优质数字资源、创新教与学模式和评价模式是推进信息技术与教育教学深度融合、推进信息技术改造传统教学、进行以学习者为中心的"自主、泛在、个性化"学习方式变革的有效路径。教育部指出，要始终坚持以学习者为中心，为不同层次、不同类型的受教育者提供个性化、多样化、高质量的教育服务，促进学习者主动学习、释放潜能、全面发展。人工智能、互联网、虚拟现实等信息技术使颠覆传统教学方式成为可能，创新了学生的学习方式和评价模式，构建起"人人皆学，处处能学，时时可学"的学习环境，体现了个性化教育和差异化教育的特性，极大激发了学生的学习兴趣，逐步实现"一人一课表"，使学生能得到高水平的个性化关注和指导，促进学生全面发展和个性化成才，培养高素质技术技能人才。

五、高职院校形成培育工匠精神的氛围

2016—2018年，"工匠精神"被三度写入政府工作报告，提出"培育精益求精的工匠精神，增品种、提品质、创品牌"。党的十九大指出，建设知识型、技能型、创新型劳动者大军，弘扬劳模精神和工匠精神，营造劳动光荣的社会风尚和精益求精的敬业风气。工匠精神的培养已经上升到国家战略，是新时代高职教育的责任，是高职教育深化教育教学改革的需要，是学生成长成才的需要。在国家政策引导下，我国高职教育坚持立德树人，将社会主义核心价值观贯穿技术技能人才培养全过程，逐步形成了培育工匠精神的氛围。注重学生严谨专注、敬业专业、精益求精、追求卓越的品质养成，不断提升职业素养；坚持工学结合、知行合一，注重认知能力、合作能力、创新能力、职业能力的全面提升，着力培养产业急需、技艺高超的技术技能人才以及弘扬和创新传统技艺的技术技能人才。

六、高职教育发展环境优化使创新评价模式成为可能

从1977年职业大学诞生到《国家教育事业发展"十三五"规划》提出集中力量建设高水平高等职业院校，我国高职教育的发展经历了规模扩张到内涵发展，从"示范校"举旗定向改革、到"优质校"提高质量、再到"特高校"实

现高质量发展，逐步使高职教育成为国民教育系列中不可或缺的教育类型。近年来，在党和国家政策大力支持下、高职教育社会地位不断提高、经费投入不断加大、信息技术的有力支撑等，在社会上逐渐形成了培养工匠精神的氛围。高职教育的发展环境不断优化，为高职教育深化教育教学改革，提高技术技能型人才培养质量创造了有利条件，使创新人才评价模式成为可能。

1. 能力评价和素质评价并重

根据高职学生学习行为特征和成长规律，对学生的岗位能力、质量意识、合作能力、学习能力、创新能力等进行综合评价，淡化传统教学评价的甄别与选拔功能，促进学生不断发展、进步，实现自身价值。

2. 全面评价与个性评价并重

坚持全面评价学生的潜能，同时关注学生的个体差异，注重对学生的情感、意志、态度和创新个性的培养，用"多把尺子"评价学生，从课堂教学评价、学习能力评价、学习效果评价等多渠道促进高职学生全面发展、持续发展、个性发展。

3. 增值评价和学习效果评价并重

通过建立学生成长记录等方式，展现学生的"学期增值效果"和"课程增值效果"，构建职业核心能力导向的高职学生学习效果评价模型。

4. 定量评价与定性评价并重

充分利用信息技术，通过建立电子学档等方式，实施情景评价法、成长记录评价法、随机评价法等，定量与定性评价相结合，全面记录学生成长过程中的进步和取得的成果。

5. 过程评价与结果评价并重

建立学生成长数据库，过程评价与结果评价相结合，采用学生自评、学生互评、小组评价、教师评价等方式，对课堂教学中学生的发展进步及时评价，做好形成性评价，变终结性考核为过程性考核。

第三节 中国特色高职学生发展性评价要义

党和国家领导人在全国教育大会上的重要讲话为新时代高职教育改革发展提供了根本遵循。对学生实施发展性教学评价时要遵循正确的价值取向，坚持立德树人、促进学生发展、服务高质量就业，坚持"尺有所短，寸有所长"，以人为本，充分发挥学生的潜能，帮助学生正确认识自己，定位自己，实现自我最大增值。

一、评价坚持立德树人

立德树人是高职教育的根本任务,要立足于为谁培养人、培养什么人、怎样培养人这些根本问题,培养德智体美劳全面发展的社会主义建设者和接班人。高职学生评价要面向人人,坚持高素质技术技能人才的培养定位,将思想政治工作贯穿教育教学评价全过程。评价要增强德育针对性和实效性,把社会主义核心价值观融入评价体系,引导学生增强中国特色社会主义道路自信、理论自信、制度自信、文化自信。重塑劳动教育观,让劳动教育成为一种价值召唤,将劳动教育纳入评价体系,推进劳动教育与专业课相结合,培养学生的劳动意识和劳动精神。让更多青年凭借一技之长实现人生价值,让三百六十行,行行出状元。

二、评价基于科学发展观

科学发展观是马克思主义中国化的最新成果,其核心是以人为本。以科学发展观来解读职业教育学生能力认定问题,关键在于如何以人为本对能力进行整体评价。基于科学发展观的评价应该是以人为本的整体性评价观。其核心问题是评价目标的取向,在确定了评价目标的基础上,选择结果性评价还是过程性评价、同一性评价还是特质性评价、终结性评价还是发展性评价。同时,在评价模式的选择上,要坚持对职业工作过程完整性的把握、要着眼于学生能力发展的渐进过程、要注重评价时师生之间的互动、要将职业教育的特殊规律与教育的普适规律进行跨界结合[1]。

三、评价促进学生全面发展

爱因斯坦说过,"唯有当一个人忘掉他在学校所学的知识,剩下的才是教育"。也就是说,教育提供给学习者的不仅仅是知识,更重要的是知识以外的情感陶冶和价值观的升华。教育的重点不仅仅是智力培养和知识的灌输,更重要的是人的自我成长。教育与人的发展是息息相关的,因此,评价学生也应以促进学生发现自我的价值、发挥潜能、促进学生的自我实现为导向[4]。发展性评价是有目的地促进学生更全面地发展的一项教育途径。人的发展有两种不同的含义:一种是把它与物种发展史联系起来,将它看成是人类在地球上出现及其进化的过程;另一种则是把它与个体的发展联系,将它视为人类个体的成长和变化的过程。

在确定教学评价的价值取向时,不能偏离"促进人的发展"这一根本目的。也就是说，评价应该具有发展性，而非让学生个体的发展受到挫折或被扭曲。就学生的发展来说，评价更应是一种促进学生发展的动力。每个学生都是不断成长、不断发展的个体，每个学生的学习方式、学习进度各不相同，发展性教学评价更关注学习过程的评价，注重发现学习过程中出现的困惑或疑问，并指导和帮助学生找到适合自己的学习方法，不断提高他们发现问题、面对问题、解决问题的能力。

评价的最终目的是促进学生发展与进步，不同的评价方式所产生的结果是不尽相同的，不恰当的评价不但对学生无益，反倒成为他们学习进步过程中的绊脚石。发展性评价不再将对学生的评价局限于成绩方面，而更关注学生的发展，从理解的角度去评价学生，让教师成为学生的良师益友。只有多一分理解与沟通，教师和学生之间才能建立起良好的师生关系，如此才能进行更有效且能促进学生发展的教学评价。在实施发展性教学评价过程中，师生沟通是一个不可忽视的环节，良好的师生互动是取得良好学习成效的前提，教师和学生之间亦师亦友、互相信任、互相支持、互相尊重，有助于课堂教学和评价效果的提升。教师要从理解学生的视角出发，对学生进行全面的引导，使之能更好地理解自己和他人，从而获得较好的发展。

四、评价服务高质量就业

职业教育是跨界的教育，不仅跨越了职业与教育的视域，而且跨越了企业和学校的境域，还跨越了工作与学习的界域[1]。高等职业院校要主动适应经济和社会发展需要，以就业为导向确定办学目标，找准学校在区域经济和行业发展中的位置，加大人才培养模式的改革力度，坚持培养面向生产、建设、管理、服务第一线需要的"下得去、留得住、用得上"的人才，实践能力强、具有良好职业道德的高技能人才。因此，高职教育教学评价要以促进高质量就业为导向，综合评价学习者的职业道德、技术技能水平。完善行业企业专家、教师、学生、家长等共同参与的评价机制，使不同性格禀赋、兴趣特长、素质潜力的学生享有更高质量的就业渠道和更畅通的学业提升通道。

五、评价促进人人出彩

美国心理学家威普詹姆士认为，人性最深的原则就是希望别人对自己加以赏识。陶行知指出，教育孩子的全部秘密在于相信孩子和解放孩子。在人的发展过程中，本质的需求是得到尊重、认同、理解和赏识，这是人成长过程中一种推动成长和发展的力量。

每位学生都有自己不同于他人的亮点，评价要善于发现每个学生的亮点，同时引导学生发现自身的亮点进而转化为实际的行为，提高学生的学习信心。同时，还要注意承认差异、允许失败，符合生命成长规律的教育。教师要充分肯定每位学生都有他行的地方，营造和谐的学习氛围，激活学生学习热情，增进学习的效能，使学生更自觉地融入学习，为学生提供更多进步的空间与机会，协助学生找到自信，开启成功之门，形成人人皆可成才，尽展其才的良好局面。

第二章　发展性教学评价理论基础

我国正处在第四次工业革命期间，云计算、物联网、大数据、智能化已经成为公共技术，并且以前所未有的规模和速度影响左右着传统职业的生存和发展。随着"云物大智"技术的普及推广，未来的传统岗位将被新业态和新岗位取而代之。在这种背景下，"新职教"应运而生，职业教育面临着重新定义和如何重新定义的考验。因此，职业院校亟待在"新职教"框架下，深入研究劳动岗位和职业标准所发生的变化，创新人才评价模式，适应产业转型升级对技术技能型人才需求的变化。传统的教学评价所采用的形式主要是泰勒的目标达成模式，关注的是目标达成度，而发展性教学评价更加关注非预期的生成目标和效果，使学习者更好、更快地成长和发展。

第一节　教学评价概述

教学评价包含评价目标、评价主体、评价内容、评价标准、评价技术和评价结果等多种因素。

一、教学评价含义

评价是一种价值判断，早在九百多年前的北宋时期就已经出现了"评价"一词。《宋史》有记载，"市物不评价，市人知而不欺"。这里的评价是指讨价还价之意。美国学者泰勒在"八年研究"报告中首次提出并使用"教育评价"的概念，他认为，教育评价在本质上是确定课程和教学大纲在实际上实现教育目标的程度的过程。1986年，泰勒在《教育评价概念的变化》一书中对教育评价的概念做了修订，提出教育评价是检验教育思想和教育计划的过程。

虽然专家学者们对教育教学评价概念的界定众说纷纭，但是，评价的核心要素是相对统一的。即，由评价主体、评价理念、评价内容、评价标准、评价方法和评价结果等共同构成完整的教育教学评价体系[5]。

教学评价是研究教师的教和学生的学的价值的过程，是依据教学目标，按照科学的标准，运用一切有效的技术手段，对教学过程及结果进行价值判断并为教学决策服务的活动，是对教学活动现实的或潜在的价值做出判断的过程，是对教学工作质量所做的测量、分析和评定。教学评价一般包括对教学过程中教师、学生、教学内容、教学方法手段、教学环境、教学管理等诸因素的评价，但主要是对学生学习效果的评价和教师教学工作过程的评价。

1. 教学评价具有诊断作用

对教学效果进行评价，可以了解教学各方面的情况，从而判断它的质量和水平、成效和缺陷。全面客观的评价工作不仅能估计学生的成绩在多大程度上实现了教学目标，而且能解释成绩不良的原因，并找出主要原因。可见教学评价如同身体检查，是对教学进行一次严谨的科学诊断。

2. 教学评价具有激励作用

评价对教师和学生具有监督和强化作用。通过评价反映出教师的教学效果和学生的学习成效。经验和研究都表明，在一定的限度内，经常进行记录成绩的测验对学生的学习动机具有很大的激发作用，可以有效地推动课堂学习。

3. 教学评价具有调节作用

评价发出的信息可以使师生知道自己的教和学的情况，教师和学生可以根据反馈信息修订计划，调整教学的行为，从而有效地工作以达到所规定的目标，这就是评价所发挥的调节作用。

4. 教学评价具有教学作用

评价本身也是种教学活动，在这个活动中，学生的知识、技能、素质将获得长进，智力和品德也有进展。

二、教学评价的功能

功能是事物本身具有"能做什么"的能力。教育教学评价的功能主要有导向功能、鉴别功能、反馈功能、决策功能、激励功能。

（一）导向功能

任何教学活动总是围绕着特定的培养目标而展开的，教学评价起着检验教学效果和学习成效的作用。一般来说，教学评价的导向功能包括对学校教学管理的导向功能、对教师教学的导向功能、对学生学习的导向功能。在评价过程中，把师生的活动分解成若干部分，并制定出评价标准。根据这些标准判定师生的活动是否偏离了正确的教学轨道，偏离了教育方针和教学目标，是否全面完成各科教学大纲规定的目的和任务，从而保证教学始终沿着正确的方向发展。

（二）鉴定功能

教学评价的鉴定功能简单来说就是通过教学评价对教学活动优劣进行甄别，也就是评价教与学是否达到目标，并对其优劣程度、水平高低进行鉴定。早期的评价是以鉴定功能为主的，如泰勒的"行为目标模式"就是鉴定实际教学达到预设目标的程度。鉴定功能的发挥取决于评价内容和评价标准的可靠程度。鉴定可以归纳为三类，即水平鉴定、评优鉴定和资格鉴定。

（三）反馈功能

教学评价的反馈功能是通过一定手段的测评，发现教学中的问题，从而客观、科学地评价与指导教学改进。反馈信息在教学中具有重要的调节作用，只有通过反馈信息来调节行为，才有可能达到一定的目标。教师获得评价的反馈信息，能及时地了解自己的教学方法和教学过程组织中的某些不足，诊断出学生在学习上存在的问题与困难，调节自己的教学工作。学生获得反馈信息，能加深对自己当前学习状况的了解，确定适合自己的学习目标，从而调整自己的学习。此外，还能起到激发学生学习动机的作用。教学评价的反馈功能可分为三类，即教学活动前的诊断性评价、教学活动中的形成性评价、教学活动后的终结性评价。

（四）决策功能

科学的教学评价是教学工作决策的基础，只有对教学工作有全面和准确的了解，才能做出正确的决策。美国教育部在1981年组织了一次历经18个月的教育评价活动，发现由于学校课程平淡，学生学习时间短，教学质量下降，培养出越来越多的庸才。这样的评价结果在美国引起了强烈反响，有50个州对学校的教学进行了决策，提高教学要求，延长学生学习时间，改革课程设置、教学内容和方法，有计划地培训教师，提高教师水平。实践表明，任何科学的教学决策都是建立在教学评价提供的具有说服力的评价结果基础上的。

（五）激励功能

教学评价的激励功能是指具有激发评价对象行为动机，使评价对象为实现预期目标而不断进取的内在动力的效能。正当的竞争是使人奋进、发展、创新的动力，可以使院校之间、专业之间、课程之间、部门之间主动进行比较，自我反思，客观地认知其优势和弱势，了解差距，明确改革方向，制定对策，参与竞争，创造佳绩[6]。其激励功能包括对教师的激励和对学生的激励两个方面。

三、教学评价分类

（一）根据评价发挥作用不同分类

根据评价在教学活动中发挥作用的不同，可把教学评价分为诊断性评价、形成性评价和总结性评价三种类型。

1. 诊断性评价

诊断性评价是指在教学活动开始前，对评价对象的学习准备程度做出鉴定，以便采取相应措施使教学计划顺利、有效实施而进行的测定性评价。诊断性评价的实施时间，一般在课程、学期、学年开始或教学过程中需要的时候。其作用主要有两个：确定学生的学习准备程度和适当安置学生。

2. 形成性评价

形成性评价是在教学过程中，为调节和完善教学活动，保证教学目标得以实现而进行的确定学生学习成果的评价。形成性评价的主要目的是改进、完善教学过程。首先，确定形成性学习单元的目标和内容，分析其包含要点和各要点的层次关系；其次，实施形成性测试，测试包括所测单元的所有重点，测试进行后教师要及时分析结果，同学生一起改进、巩固教学；最后，实施平行性测试，其目的是对学生所学知识加以复习巩固，确保学生掌握应学知识并为后期学习奠定基础。

3. 总结性评价

总结性评价是以预先设定的教学目标为基准，对评价对象达成目标的程度即教学效果做出评价。总结性评价注重考查学生掌握某门学科的整体程度，概括水平较高，测验内容范围较广，常在学期中或学期末进行，次数较少。

（二）根据评价标准不同分类

根据评价所运用的方法和标准不同，可分为相对性评价、绝对性评价和个体内差异评价。

1. 相对性评价

相对评价法是从评价对象集合中选取一个或若干个对象作为基准，将余者与基准做比较，排出名次、比较优劣的评价法。相对评价法便于学生在相互比较中判断自己的位置，激发竞争意识。

2. 绝对性评价

绝对评价设定评价对象以外的客观标准，考察教学目标是否达成，可以促使学生有的放矢，主动学习，并根据评价结果及时发现差距，调整自我，具有明显的教育意义。

3. 个体内差异评价

个体内差异评价是指以学生自身的实际状况为基准，就学生自身的发展情况进行纵向比较而做出价值判断的过程。它既可以把评价对象的过去和现状进行比较，又可以把自身不同侧面进行比较，发现个人的进步，增加学生的自信心，促进评价对象的发展。

第二节　发展性教学评价的内涵

发展性教学评价是20世纪80年代出现的，具有最新的教学评价理念、思路、策略和方式方法的一种新的评价。发展性评价体现了协商精神、关注评价视角的多维化、关注非预期的目标和效果，能更好地促进学生的发展。

一、发展性教学评价的含义

发展性教学评价是指通过系统地搜集评价信息并进行分析，对评价者和评价对象双方的教育活动进行价值判断，实现评价者和评价对象共同商定发展目标的过程，旨在促进被评价者不断地发展。

发展性评价不再仅仅是甄别和选拔学生，而是促进学生的发展，促进学生潜能、个性、创造性的发挥，使每一个学生具有自信心和持续发展的能力。其实施的关键是要求教师用发展的眼光看待每一个学生，核心是重视过程的总评价。多种形式结合的评价方式、评价手段，使评价的诊断和发展功能在整个学习过程中，既反映学生全程学习结果，又成为促进学生发展的有效手段。

发展性教学评价具有以下特征：以被评价者的素质全面发展为目标；对被评价者发展特征的描述、发展水平的认定、包括必要的选拔，其目的都是为了更有利于被评价者的后续发展；注重过程评价；关注个体差异；强调评价主体多元化。

二、发展性教学评价和传统教学评价的比较

（一）评价理念

发展性教学评价的核心理念在于促进评价对象与时俱进、科学的发展。根据评价双方共同构思、沟通、协商，确定评价对象的发展目标和发展实施计划，完成发展计划后，再共同收集评价信息，分析、整理信息，对照发展目标，做出价值判断。经过共同反思，确定下一周期的发展目标，设计新的发展计划并实施。评价对象始终处于评价过程之中，可充分发挥其主体性和参与性。

传统教学评价是一种自上而下的预定式评价，即先确定预期目标，再将评价对象的性状、效能、成果对照预定目标，关注目标达成度，进行价值判断，以区分优劣、高低，实施奖惩。评价对象始终处于评价过程之外。

（二）评价目的

发展性教学评价在关注共同制定的发展目标的同时，更关注非预期目标的生成、效应和效果。由此产生的成果能引起教育教学的创意创新，促进评价对象更好、更快地发展。

传统教学评价以预定目标为中心，关注评价对象的目标达成度，以做出价值判断，关注评价的甄别功能。

（三）评价主体

发展性教学评价提倡评价主体多维化，评价双方都是评价主体，特别注重调动评价对象参与评价的主体性和积极性。

传统教学评价通常评价主体单一，评价者是评价的唯一主体，评价对象总是游离于评价活动和评价过程之外。

（四）评价内容

发展性教学评价在关注评价对象发展目标的同时，更关注教育教学过程的改革和变化，不拘泥于评价对象的知识、技能和能力的发展，还会特别关注评价对象的态度、情感、价值观、创新能力、协作能力等综合素质的健康发展，注重激发评价对象的内在潜能。

传统教学评价主要注重评价对象的性状、效能、成果，强调评价对象掌握的知识、技能和能力的程度。

（五）评价功能

发展性教学评价在认可评价的鉴定、甄别、选拔功能的同时，更关注评价对象的发展和激发潜能。

传统教学评价主要关注评价的鉴定、甄别、选拔、奖惩等功能。

（六）评价标准

发展性教学评价不制定统一的评价标准，而是采用评价双方共同协商，确定评价指标体系和评价标准，使评价标准多样化、人性化、多元化。

传统教学评价采用统一的评价标准，对于不同的评价对象，既不客观、不科学，也体现不出差异性和个性化。

（七）评价方式

发展性教学评价采用定性和定量分析相结合的方法，以质性评价为引导进行价值判断。除了考试，更注重现场操作评价、行为观察、表现性评价、成长记录等真实性评价方式的应用。

传统教学评价方式比较单一，主要运用定量分析法，学习成效主要由笔试考试法确定。

（八）评价过程

发展性教学评价重视评价的周期性，把评价看作是促进评价对象成长或发展的培养工程，将终结性评价变为形成性评价、过程性评价，其评价活动呈现周期性不断推进。

传统教学评价往往对一项工作、一次活动或者一节课进行评价，区分出优劣，评价时间短，评价后易松懈，评价对象对评价不够重视，难以形成自觉行为。

三、发展性教学评价的价值取向

（一）评价的目的在于促进发展

发展性评价淡化原有的甄别和选拔功能，关注学生、教师、学校和课程发展中的需要，突出评价的激励与控制功能，激发学生、教师、学校和课程的内在发展动力，促进其不断进步，实现自身价值。

（二）评价的视角面向未来

发展性教学评价通过审视评价对象的过去，肯定成绩，诊断问题，并找到评价对象新的发展起点、最近发展区、发展方向和发展潜能。其教学评价的视角是面向未来的，是建立在建构主义哲学观基础上的，对评价对象的一种培养提升的过程。

四、发展性教学评价特点

（一）评价内容综合化

发展性教学评价重视知识以外的综合素质的发展，尤其是创新、探究、合作与实践等能力的发展，以适应人才发展多样化的要求；评价标准分层化，关注被评价者之间的差异性和发展的不同需求，促进其在原有水平上的提高和发展的独特性。

（二）评价方式多样化

发展性教学评价将量化评价与质性评价方法相结合，适应综合评价的需要，丰富评价与考试方法，如成长记录袋、学习日记、情景测验、行为观察和开放性考试等，追求科学性、实效性和可操作性。

（三）评价主体多元化

发展性教学评价主体从单向转为多向，增强评价主体间的互动，强调被评价者成为评价主体中的一员，建立学生、教师、家长、管理者、社区和专家等共同参与、交互作用的评价制度，以多渠道的反馈信息促进被评价者的发展。

（四）关注发展过程

发展性教学评价将形成性评价与终结性评价有机结合起来，使学生、教师、学校和课程的发展过程成为评价的组成部分；而终结性的评价结果随着改进计划的确定也成为下一次评价的起点，进入被评价者发展的进程之中。

五、发展性教学评价原则

（一）着眼于被评价者的发展

发展性评价基于一定的培养目标，这些目标显示了被评价者发展的方向，也构成了评价的依据，这些目标主要来自于课程标准，也充分考虑了被评价者的实际情况。发展性评价将着眼点放在被评价者的未来，包括大众教育和终身学习的需要。

（二）注重评价的诊断功能

发展性评价的根本目的是促进被评价者的提高。评价过程中，对被评价者的现状、发展特征以及发展水平的描述和认定必须是评价者和被评价者共同认可的。如果涉及要通过评等级去描述某种特征，也必须是被评价者认可的。这些描述或评定只用于分析被评价者存在的优势和不足，并在此基础上提出具体的改进建议，不应具有"高利害性"。

（三）突出评价的过程

发展性评价强调收集并保存可以表明被评价者发展状况的关键资料，对这些资料的呈现和分析能够形成对被评价者发展变化过程的认识，并在此基础上针对被评价者的优势和不足给予被评价者激励或者具体的、有针对性的改进建议。

（四）关注个体的差异

个体的差异不仅指考试成绩的差异，还包括其生理特点、心理特征和兴趣爱好等各个方面的不同特点，发展性评价通过细致地观察并准确地判断每个被评价者的不同特点及其发展潜力，为被评价者提出适合其个人发展的建议。

第三节　发展性评价之理论基础

一、马克思主义哲学观和价值观

由于教学评价是对评价对象的教育教学活动、过程和结果的价值判断，而价值观是以哲学观为指导的，并且是哲学的重要组成部分。因此，马克思主义哲学观和价值观是教学评价的重要理论依据[7]。

马克思主义哲学不仅承认价值范畴的广泛存在，还科学地阐明了认知价值范畴的方法。在价值范畴中，作为主体的人，是具有自然属性、社会属性和思维能力的客观实体。价值体现了客观属性和主观需要的关系，两者是辩证的统一。因此，在开展教学评价时，必须认知主客体的各种属性和关系，主体的需要、能力、价值等总是处于核心、主导的地位。价值关系的主体具有个体性、多维性和时效性三个特点。个体性是指因主体结构和条件的特殊规定性而表现出来的不同需要的价值关系；多维性是指主体是由互不相同的感官结构、心理结构、社会关系结构和实践活动结构的个人或群体构成，以及人们具体价值体验的可变性和选择性；时效性是指每一具体的价值关系都具有时间性，随时空变化而发展。

马克思主义价值关系中主体的三个特点能帮助人们正确把握教学评价过程中的事实与价值、真实性与合理性、相对性与绝对性等多重关系。

唯物辩证法的对立统一规律、量变质变规律、否定之否定规律这三条核心规律清楚地指出，世界上一切事物都是在变化之中，都在随时空变化而变化、发展。教育教学也一样，教育者和教育对象都是具有发展潜力的人，通过发展性教学评价，可以使每个人认知、发现、开发其潜能，使其更快、更好地发展，取得长远进步。

二、多元智能理论

多元智能理论是由美国哈佛大学教育研究院心理发展学家霍华德·加德纳在1983年提出的。他认为，智能是人在特定情境中解决问题并有所创造的能力。每个人都有八种主要的智能：语言智能、逻辑—数理智能、空间智能、运动智能、音乐智能、人际交往智能、内省智能、自然观察智能。根据加德纳的理论，学校在发展学生各方面智能的同时，必须留意，每一个学生只会在某一两方面的智能特别突出。因此，当学生未能在其他方面表现优秀时，学校不能惩罚学生。过去的多元智能发展主要集中在学前教育，因为教育专家认为，培养学生的多元智能发展应该从小做起，并慢慢推广到其他层面。然而，广义来说，多元智能理论的框架不单能在幼儿园及小学的层面推广，在中学、大学、研究院和培训机构也可以推广。

加德纳提出了"智能本位评价"理念，扩展了学生学习评估的基础。他主张"情境化"评估，改正了以前教育评估的功能和方法。多元智能理论认为，学生的差异性不应该成为教育上的负担，相反，是一种宝贵的财富。教师要改变以往的学生观，用赏识和发现的眼光去看待学生，改变用"一把尺子"衡量学生的标准，要重新认识每位学生的潜质，引导每个学生成长成才。

三、建构主义的最近发展区观念

建构主义学习理论是认知学习规律理论的延伸和发展。由于个体的认知发展与学习过程密切相关，因此利用建构主义可以很好地说明人类学习过程的认知规律，建构主义强调学习者的主动性。建构主义认为，知识不是仅仅通过教师传授得到的，而是学习者在一定的情境即社会文化背景下，借助其他人（包括教师和学习伙伴）的帮助，利用必要的学习资料，通过意义建构的方式而获得。学习的核心强调以学习者为中心，也就是知识的自我构建。建构主义学习理论和教学理论是发展性教学评价理论与实践的另一理论基础。

苏联著名心理学家维果斯基依据一系列实验结果，指出学龄期的教学与发展问题具有重要价值的观念——最近发展区。维果斯基的最近发展区理论认为，学生的发展有两种水平：一种是学生的现有水平，指独立活动时所能达到的解决问题的水平；另一种是学生潜在的发展水平，即学生还不能独立地完成任务，必须在教师的帮助下，通过模仿和自己努力才能完成的智力任务，也就是通过教学所获得的潜力，两者之间的差异就是最近发展区。

维果斯基认为，最近发展区对智力发展和成功的进程，比现有水平有更直接的意义。他强调了着眼于最近发展区的教学在发展中的主导性作用，揭示了教学的本质特征不在于"训练""强化"已经形成的心理机能，而在于激发和形成目前尚未成熟的心理机能。因此，教学应该成为促进发展的决定性动力，只有走在发展前面的教学才是好的教学。这一思想对正确理解教育与发展之间的关系具有重要意义。

四、发展性教学理论

发展性教学理论是20世纪60年代由苏联著名心理学家赞科夫提出的。赞科夫的发展性教学理论的设想源于苏联心理学家维果斯基的最近发展区理论，他继承并发展了维果斯基的最近发展区学说，把智力发展扩大为一般发展，提出一般发展心理学思想。

他强调教学要促进儿童的一般发展，而不仅仅局限于认识能力的发展；要求使学生理解学习过程，教给他们学习的方法；强调使所有学生都得到发展；注重研究学生的兴趣、动机等内部诱因；主张让学生过丰富的精神生活等。

赞科夫强调，要着眼于使学生在"最理想的一般发展"下的教学与发展互相促进的模式，既反对把教学凌驾于发展之上，也反对把教学与发展等同起来。他所指的一般发展，不仅包括发展学生的智力，而且还要发展情感、意志品质、性格和集体主义思想，它包括全部个性。

赞科夫的理论强调要超前教学，努力使教学走在学生现有发展水平之前，以更好地促进学生的发展。在教学目的上，注重发展性教学，把发展放在教学的重要位置上。坚持全面评价教学，促进学生整体发展。

五、数学理论与方法

数学是关于纯量的结构及其关系的理论，在发展性教学评价中，运用数学的方法就是综合运用数学有关概念、理论对客体进行定量描述，并利用抽象思维建立数学模型，通过逻辑推导，计算和分析判断，从量的方面揭示事物本质和运用规律的一种相对科学的研究方法[8]。

任何现实系统都是质与量的统一体，教育教学现象也一样。因此，教学评价应从质与量两个方面全面衡量教育教学目标实现的程度。传统教育教学评价则过于偏重定量分析，而教学评价在很多方面难以量化。因此，发展性教学评价倡导定性评价与定量评价相结合。

同时，现代信息技术为教学评价提供了现代化的手段。发展性教学评价是一项复杂的工作，需要在规定的时间内处理大量的评价数据，信息技术为开展线上线下综合评价、处理评价数据、提供丰富的评价结果等提供了有效的手段。

六、系统论的思想和方法

系统论的思想和方法是现代管理理论和方法的基础，使现代管理组织系统化、决策科学化、手段现代化、方法综合化。发展性教学评价是教育教学管理系统的有机组成部分，通过制定评价指标体系和评价标准，制定和实施评价方案，对教育教学系统的发展发挥促进和推动作用。发展性教学评价主要运用系统论的以下基本原理。

（一）动态原理

高职教育教学系统是结构复杂的动态系统，因此，发展性教学评价必须运用动态原理研究高职教育教学系统及其各子系统变化的方向、途径、趋势和前景，并探索其发展变化的动因、潜能和规律。也就是说，要用动态的观点看待评价对象，既要如实评价现状，更要评价发展的动力和发展的增量。

（二）有序原理

有序在这里的含义是按照一定的次序运行某事，以保证其正常进行。由于高职教育教学系统的复杂性，不仅和内部结构相关，还受外部关系和环境的影响（国家政策、行业企业有关规定等）。因此，教学评价应当遵循有序原理和方法，了解、洞察、发现其内部种种结构和关系以及评价和外部环境的关系，注重评价对象的个性差异，使发展性评价真正发挥其功能和作用，促进评价对象科学发展。

（三）反馈原理

反馈原理主要是指系统根据反馈信息做出判断，并通过调控子系统，对计划指令的输出发生影响，形成随机的调控，以保持系统的良性运行。反馈过程就是信息收集、加工、判断和回收的过程。收集信息应力求多维性、系统性和客观性，切忌单一性、任意性和主观性。要采用立体视角、多种多样的方式方法，广泛收集能系统反映且具有实效的信息，力求信息全面完整、客观科学。并对收集的信息精心加工，去伪存真，使信息更加全面、完整、准确、有效，促进评价对象成长成才。

（四）整体原理

整体原理要求在研究任何系统时，都把系统的整体作为研究对象，从整体与部分、部分与部分、要素与要素之间的相互关系上揭示系统的本质、特征和运行机制。发展性评价本身就是一个多要素系统，由评价结构系统、评价组织、评价指标体系和标准、评价策略方法、评价技术和手段、评价程序等要素组成。因此，只有运用整体性原理，才能发挥发展性评价的优势，更好地促进评价对象可持续发展。

第二篇

体系构建

第三章 高职学生发展性教学评价体系

职业教育为我国经济社会发展培养了大批高素质劳动者和技术技能型人才，但人才培养质量亟待提高。导致此现状的原因是多方面的，与现阶段高等职业教育忽视对学生实施发展性评价有直接关联。《国家高等职业教育发展规划纲要（2010—2015年）》明确提出，改革学生学业考核与评价办法，以学习能力、职业能力和综合素质为评价核心，构建、完善符合高职专业人才培养特点的评价体系。发展性教学评价体系坚持问题导向，针对高职教育学生评价中存在的不能激发高职学生成长成才的内在潜力和态度、不适应高学生全面发展、不利于高职学生个性化发展等问题，从评价目标、评价内容、评价主体、评价方法四个维度构建，以达到服务学生就业和促进学生发展的目的。发展性教学评价体系模型如图3-1所示。

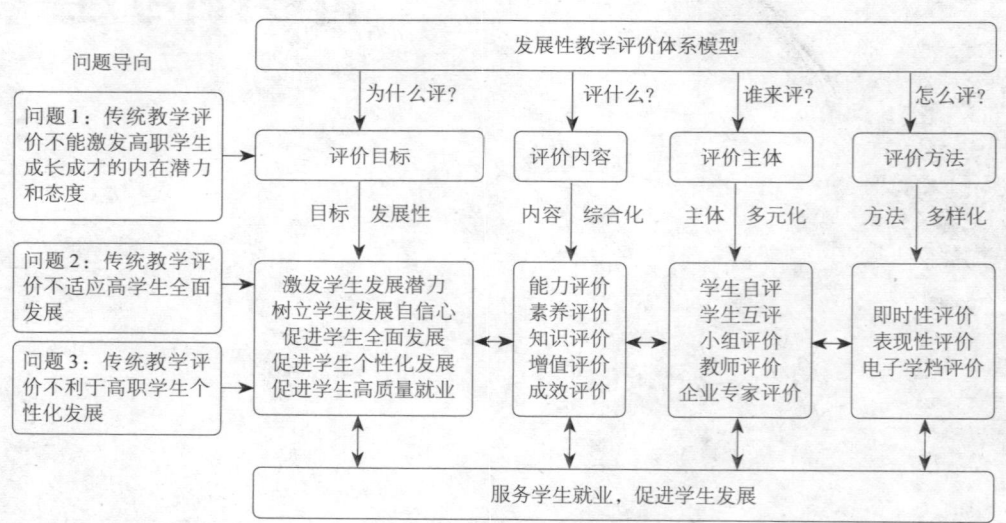

图3-1 发展性评价体系模型图

第一节 高职学生发展性教学评价目标

评价目标阐明的是"为什么评"的问题。发展性教学评价目标是多元的，具有发展性特征，促进学生潜能、个性、创造性的发挥，帮助学生反思学习过程中存在的问题，使每一个学生具有自信心和持续发展的能力。

一、激发学生发展潜力

发展性教学评价思想不同于水平性教学评价和选拔性教学评价，它是重视评价过程、重视评价对象主体性，并以促进对象发展为根本目的。发展性教学评价主张面向未来，在审视评价对象的过去、肯定成绩、诊断问题的基础上，注重评价对象的变化和发展，激发其发展潜力。发展性评价适合高职院校生源结构多元化特征，其评价目的就是调动每个高职学生的学习主动性、积极性和创造性，找到每个学生进步发展的新起点、最近发展区和发展方向，以激发每个学生的发展潜能。

二、树立学生发展自信心

西弗吉尼亚州优秀教师洛兰哈曼说过，如果一个学生只得了60分，我不会往他脑海里灌输失败的念头。我会告诉他，不错，你已经掌握了60%的内容，现在把注意力集中到另外还没有掌握的40%上吧。帮助学生树立发展自信心，找到另外一条衡量他们成功的方法，这样他们才不会自暴自弃或者放弃这门课程。高职院校学生的理论基础相对较弱，因此，教师在学生的学习过程中，要摒弃评价的甄别和选拔功能，善于发现学生的优点和特点，使学生树立"我能行"的自信心，从而促进学生的发展。

三、促进学生全面发展

马克思强调的"人的全面发展"，实质上是人的本质力量的展示和人的本质力量的发展，强调的是全面的发展、和谐的发展、自由的发展、充分的发展，这是马克思主义追求的根本价值目标。党和国家领导人多次指出，要不断促进人的全面发展。这是对马克思主义"人的全面发展"理论的继承和发展。人的全面发展理论应用到教育教学中主要有两个方面的含义[9]：一是对于学生个体来说，发展要全面，要德智体美劳全面发展，包括知识、能力、素养等多个方面的协调发展；二是学生整体的全面发展。因此，评价的目标不仅是为了反映学生对知识的掌握程度，更是为了促进学生的全面发展，促进学生自我认知、职业决策能力的提升。

四、促进学生个性化发展

多元智能理论承认、尊重、善待个人智能的多元化和差异化，体现了个性化、多元化、全面化的教育理念，强调潜能的开发和分析、判断和解决问题能力的培养[10]。多元智能理论认为，评价学生的目的在于发展学生的智能，教学评价有责任为学生提供有益的反馈，使学生认识到自己的智能特点和优劣，进而采取针对性措施，发展优势，弥补劣势[11]。学生在解决问题时，各种智能协调共同起作用，因此，评价的目的不仅要促进学生各种智能的发展，更要促进学生智能组合的整体提高。多元智能理论为高职院校有效分析学生的能力和发展方向提供了理论基础和支撑。

五、促进学生高质量就业

随着我国进入新的发展阶段，产业升级和经济结构调整不断加快，各行各业对技术技能人才的需求越来越紧迫，而"工业4.0"带来的人才需求结构和能力的变化，对高职教育提出了培养复合型、创新型高素质技术技能人才的新要求。后现代主义认为，在这个以创新为时代精神的社会里，科学技术日新月异，各种新鲜事物层出不穷，创新已经成为社会、个人发展的动力源。每个学生都是独一无二的个体，每个学生都是知识的探索者和发展者，要给学生的不同见解留有一定的空间。因此，评价要改变传统评价的价值趋向，关注每个学生的发展，根据每个学生的特点、潜能和发展方向确定评价目标，提升学生知识、职业能力、关键能力、综合素养，以促进学生适应经济转型升级需要，实现高质量就业。

第二节　高职学生发展性教学评价内容

评价内容阐明的是"评什么"的问题。职业教育作为一种教育类型，在实施发展性评价时，应以学习能力、职业能力、综合素质为核心，综合考虑能力、素养、知识等多方面因素，从多维度确定评价内容，以达到服务学生就业，促进学生发展的目标。

一、发展性评价内容理论依据

发展性教学评价内容以多元智能理论、建构主义理论、发展性教学理论等为指导，在数学理论与方法、系统论的思想与方法基础上，遵循新时代高职教育人才培养目标对发展性教学评价内容的要求而确定。

（一）多元智能理论对发展性教学评价内容的启示

传统评价观念认为，智力是以语言能力和数理逻辑能力为核心的，因此，导致高职学生教学评价内容片面，过于重视理论知识或者技能的考核，忽视了学生职业素养和综合素质的评价。加德纳的多元智能理论认为，智力是彼此相互独立、以多元方式存在的，是个体解决实际问题的能力，是生产及创造出社会需要的有效产品的能力，是每个人在不同方面、不同程度拥有一系列解决现实中实际问题的能力。他认为每个人能都同时拥有八种智力，只是以不同的方式存在，每个人的智力各有特色和潜能。教师要根据每个学生的自身特点，制定个性化的学习内容和评价标准，用多把"尺子"衡量学生，使每个学生都能在各自不同的领域得到充分的发展。高职学生都是具有发展潜力的个体，发展性教学评价内容应充分考虑学生的全面发展和个性化发展，遵循学生的成长规律，关注其进步和变化过程，充分激发学生的发展潜力。

（二）建构主义理论对发展性教学评价内容的影响

建构主义源自关于儿童认知发展的理论，是一种关于知识和学习的理论，强调学习者的主动性。由于个体的认知发展与学习过程密切相关，因此利用建构主义可以比较好地说明人类学习过程的认知规律，即能较好地说明学习如何发生、意义如何建构、概念如何形成。建构主义理论从教学观、学生观、学习观、评价观和知识观等方面对促进学生全面发展有着正面的影响。建构主义的杰出代表布鲁纳认为，学习任何一门学科时，总是由一系列的片断所组成，而每一片断（或一个事件）总是涉及获得、转换和评价三个过程，学生不是被动的知识接受者，而是积极的信息加工者。他认为学习是一种积极的过程，学习者在该过程中依靠自己现在和过去的知识建构新的思想和概念。教师的任务是将学习信息转换为适合学习者目前理解状态的形式，帮助学生依靠学过的知识进行建构。因此，对学生的评价不能仅仅局限于结果，而应该贯穿于学习的整个过程。

建构主义强调协作的重要性，认为协作应该贯穿于整个学习活动过程中。教师与学生之间、学生与学生之间的协作，对学习资料的收集与分析、假设的提出与验证、学习进程的自我反馈和学习结果的评价以及意义的最终建构都有十分重要的作用。因此，学生的协作能力也应该作为发展性评价的一个重要因素。

（三）发展性教学理论对发展性教学评价内容的要求

发展性教学理论不仅局限于学生认识能力的发展，还关注学生的学习过程，重视培养学习方法和学习能力，从而使所有学生的智力、情感、意志品质、性格等都得到发展。高职学生生源结构多元化使学生的基础各不相同，因此，评价不仅要注重学习成效的评价，更要重视学生学习过程的评价。坚持终结性评价和过程性评价相结合、定性评价与定量评价相结合的原则，动态监测学生学习能力提升情况，采取多元化的评价方式方法，关注学生的发展，促进学生成长成才。

（四）新时代高职人才培养目标对发展性教学评价内容的要求

高职学生发展性教学评价内容要以新时代对人才培养目标的新要求为根本依据，高职人才培养目标决定了人才培养方案和学习目标，同时也是教学评价内容的具化。新时代呼唤新的职业教育，新时代高职教育的使命就是主动对接国家重大战略，服务新时代经济高质量发展，培养德智体美劳全面发展的社会主义建设者和接班人，为中国产业走向全球产业中高端提供复合型高素质技术技能人才支撑。因此，开展发展性教学评价应包含德育、智育、体育、美育、劳育等多方面的评价内容，促进学生人人皆可成才，人人尽展其才。

二、发展性评价内容因素

发展性教学评价从不同视角展示有关学生学习的状况，为学生提供自我成长信息，助力学生成长成才。高职学生发展性教学评价内容可以分为能力评价、素质评价和知识评价。

（一）能力评价

能力是完成一项目标或者任务所体现出来的综合素质，人们在完成活动中表现出来的能力各有不同，能力是直接影响活动效率，并使活动顺利完成的个性心理特征，通常情况下能力可以分为专业技术能力和核心能力（通用能力）。专业能力指学生将来就业所需的技术和能力，即强调学生实际能做什么，在实践中能解决什么问题等，不同岗位对专业能力有不同要求。核心能力也称为关键能力，为具体的专业知识和专业技能以外的能力，是人们就业、再就业和职场升迁所必备的能力，也是在校、已就业和即将就业人群竞争力的重要标志。我国劳动和社会保障部在《国家技能振兴战略》中把职业核心能力分为八项，包括：与人交流、数字应用、信息处理、与人合作、解决问题、自我学习、创新革新、外语应用等。

（二）素质评价

素质是指由训练和实践获得的一种道德修养，对高职院校的学生来说，素养可以分为职业素养和其他素养。

职业素养是人类在社会活动中需要遵守的行为规范，是职业内在的规范和要求，是在职业过程中表现出来的综合品质，包含职业道德、职业技能、职业行为、职业作风和职业意识等。职业道德是指同人们的职业活动紧密联系的符合职业特点所要求的道德准则、道德情操与道德品质的总和。它既是对本职人员在职业活动中的行为标准和要求，同时又是职业对社会所负的道德责任与义务。职业技能是指在职业分类基础上，根据职业的活动内容，对从业人员工作能力水平的规范性要求。职业行为是指人们对职业劳动的认识、评价、情感和态度等心理过程的行为反映，是职业目的达成的基础。职业作风是指从业者在其职业实践和职业生活中所表现的一贯态度。职业意识是人们对职业劳动的认识、评价、情感和态度等心理成分的综合反映，是支配和调控全部职业行为和职业活动的调节器，它包括创新意识、竞争意识、协作意识和奉献意识等方面。对高职教育而言，职业素养尤显重要。高职教育是培养能工巧匠、大国工匠的重要教育类型，尤其注重培养严谨专注、敬业专业、精益求精、追求卓越等方面的职业素养。在开展发展性教学评价时，也要将这些要素放到重要的位置上考虑。

其他素养是指学生在社会生活中思想与行为的具体表现。新时代高职教育培养德智体美劳全面发展的社会主义建设者和接班人，这对学生的其他素养提出了更高的要求。在本书中，其他素养主要是指学生平时在学校的言行举止、学习态度、为人处事等。其他素养评价可以分为：道德品质、公民素养、学习能力、交流合作与实践创新、运动与健康、审美、表现能力七个维度。表现为热爱祖国、遵纪守法、严以律己、勤奋好学、乐于助人、诚实守信、维护公德、关心集体等。

（三）知识评价

知识评价关注学生知识的认知成果，即强调学生知道了什么。职业教育作为跨界的教育，兼具职业性和教育性特征，为服务国家战略提供高素质技术技能人才支撑，要求高职教育培养的学生必须要具备必需的知识，达到一定的知识水平。在哲学中，关于知识的研究叫认识论。通常情况下，高职学生在校期间学习的理论知识包括公共基础知识、专业基础知识和专业知识。这些理论知识帮助学生胜任经济转型升级背景下岗位对复合型、创新型人才的需求，同时有助于实现知识的再生和迁移，为学生终身学习和可持续发展打下良好基础。

三、发展性评价内容维度

建立综合化的评价内容是解决学生个体间发展差异性和个体内发展不均衡性的关键。高职学生的生源结构多元化，学生群体需求呈现多元化特征，要求教学评价的内容应该是全面的，不仅关注学生的学业成绩，更要在注重学生个体化差异的情况下，关注学生的进步和发展。

（一）增值评价

增值性评价是英国、美国等在进行学校效能研究中发展起来的一种教育评价理论，起源于美国，20世纪70年代开始，以"科尔曼报告"为起点，引发了美国关于学校效能的争论。随后在20世纪90年代出台《国家处于危机之中：教育改革势在必行》文件，再次激发了美国教育改革的紧迫性，由此出现了学校问责的概念，同时也在反思当前的教育评价标准。而"增值"这一概念则是英国20世纪80年代为了解决在教育评价上的一些问题而提出的，随后国家统一课程的设立及相关统计技术的研发提升为增值性评价理论的建立创造了可能。现在的增值性评价理论已经成为国家教育评价系统的一部分，是国际上前沿的教育评价方式，不以学生的考试成绩作为评价的唯一标准，引导学生多元发展。

增值性评价改变了过去对学生进行横向比较，转为对学生个体的纵向变化比较。它是基于收集学生在不同时间节点的测试成绩，并综合考虑一些不可控因素（学生的原有学习成绩水平、种族因素、家庭背景等）的一种评价理论，它评价的取向是"为了每一位学生的发展"。增值评价关注输入与输出的变化，评价更加客观公正，具有潜在的诊断性功能，立足于全体学生的发展，能满足所有学生的发展需求[12]。

增值性评价尊重学生的差异性，高职学生的基础水平参差不齐，由于教学对象多样化的需求，使教师不能用相同的标准要求所有学生，增值性评价将学生的初始学业水平纳入评价的范围，评价的是学生学习前后的进步状况，评价尊重学生的个体差异，充分发挥学生各自的特长，努力促进所有学生的发展。增值性评价关注学生的学习过程，强调学生的发展。增值性评价是一种以学生发展为核心的评价方法，通过跟踪学生整个学习过程，获得学生某段时间或某门课程的进步情况，从而评价学生的发展状况，能充分调动学生学习的积极性。

（二）成效评价

学习成效成为一个专业术语的时间并不长，可以追溯到20世纪60年代布鲁姆的掌握学习理论，他从教育目标分类学的角度，将人的心理发展分为认知领域、情感领域和动作技能领域。加涅认为，学习成效可以帮助更加深入地了解学习过程，并为教学的设计提供准确的信息。艾斯纳则认为，学习成效本质上是学生经过某种形式的努力最终所获得的预期或者非预期的效果。罗伯特斯滕伯格认为，学习成效应包含分析技能、综合技能、实践和应用技能。美国学者Ewell于1987年进一步综合多位学者的想法，将学习成效细分为知识类、技能类、态度与价值观类、行为表现类。学习成效有两方面的内涵，一方面是主观的"情感状态"的概念，另一方面是客观上"学术成就"和"学习成果"的概念，反映的是学生在经历一段教育历程之后的成就状况，包括学生的学习表现、学习成就和学习进展等多方面的绩效，可以是专业知识、职业能力、学习能力、认知风格、职业素养等。

建构主义教育理论主张以学生为中心，因此，评价必须关注学生的学习过程。学习者的学习成效除了受学习者本身因素影响外，还受到学习环境的影响，即内部条件和外部条件同时起作用。衡量学习成效的指标众多，主要包括学习满意度、学习绩效、学习能力、学习自我评估、学习成就、课堂评估、参与程度、自我效能、学习兴趣及学习经验等。可以根据评价需要选择合适的指标，对不同层次学生的学习成效进行评价。

第三节　高职学生发展性教学评价主体

评价主体阐明的是"谁来评"的问题。我国高等职业教育"人人皆可成才，人人尽展其才"的人才观，决定了必须立足于学生个性化发展和全面发展，采用多元化的评价主体，实施发展性教学评价。但是，在传统的评价体系中，教师是评价主体而学生是评价客体。大家关注更多的依然是教师的评价结果，学生的参与度较低，这直接影响了高职院校学生的学习积极性，学生是被动地消极地被评价，评价对学生的心理造成了极大的负担和负面影响，压抑了学生自我发展的欲望和潜能，不利于树立发展自信心。实施发展性教学评价，促进学生全面发展和个性化发展，帮助学生自我成长、自我进步，评价主体必须坚持多元化，评价可以由学生自评、学生互评、教师评价、企业专家评价等多种形式进行。

一、发展性评价主体的内涵

在发展性学生评价中，评价主体不再局限于教师，与学生有关的人都可以作为学生的评价者，多元化的评价主体能够全方位、多角度地收集学生的学习和评价信息。

（一）评价主体的概念

评价主体是指参与教学评价的个体或群体，通常将评价他人者称为评价主体，将被评价者称为评价客体。评价主体须具备一定的评价知识技能，且可以实际地参与评价活动。高职教育评价主体通常包括教师、学生和企业专家等。

发展性教学评价着眼于学生的全面发展，要求评价主体多元化。因此，学生是教学评价的积极参与者和合作者，同时，鼓励同伴、教师、企业专家共同参与评价，通过学生自评、学生互评、小组评价等形式，帮助学生在自我评价、互相评价、师长评价中不断反思，认识自我，充分调动学生学习积极性，实现自主学习和发展。

（二）发展性评价主体的多元化

最早提出主体多元化概念的是美国评价学者帕特，他在1978年提出应该让所有使用评价信息的人员都参与评价，并对评价提出相关的要求和建议。评价主体多元化是指由教师的单向执行评价转为多向评价，强调除了教师以外，学生、企业专家等都应是评价主体中的一员，这样不但增强了彼此之间的互动，还可以建立共同参与、相互影响的教学评价制度，促进学生全面发展。正如美国评价学者斯滕豪斯所说：“多元主体参与评价的最大优势是克服了评价的偏见，提高了结论的真实性。”这种真实性来源于不同的评价主体对评价对象的深入了解，并且将评价过程明显化和精细化，从而客观地评价每个学生的进步和发展。

（三）学生在发展性评价中发挥主体作用

要真正实施发展性教学评价，学生首先必须树立"我是主体"的意识，这是确认和肯定学生评价主体地位的前提。发挥学生的评价主体作用，有利于学生更积极主动地加入教学全过程，确保教学评价发挥促进学生自我反思、自我进步的作用。评价是一个复杂的历程，通常包含学生、教师、企业、学习目标、评价目标、评价方式等，评价主体和评价要素的关系如图3-2所示。从图中看出，发展性评价的实施过程都是以学生为主体的。

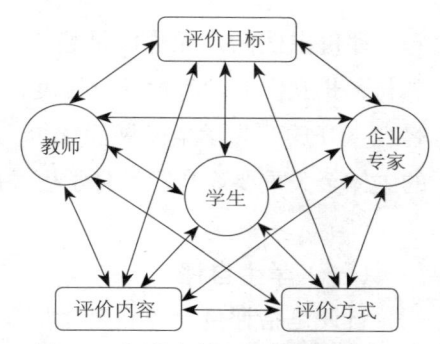

图3-2 评价主体和评价要素的关系

二、发展性教学评价主体理论依据

人本主义教育思想代表人物罗杰提出了以"学生为中心"的非指导性教育思想。人本主义教学评价模式强调"意义学习"，认为意义学习的核心是学生直接参与学习过程，反对以考试和考核为主要内容的外部评价，倡导自我评价、自我纵向比较和横向比较。也就是说，学生在学习过程和评价过程中的主体地位尤其重要。

建构主义理论认为，教育评价的目的和作用不是甄别和选拔优秀学生，而是要了解每个学生的学习情况，根据每个学生的发展情况和知识建构能力的差异，因材施教，促进每个学生的发展。受建构主义思想的影响，发展性教学评价主张评价主体间的交流和沟通，关注的是评价对象对评价结果的认同以及对评价对象的促进作用。因此，发展性评价主张评价主体多元化，发挥学生自评和互评的作用，学生参与到评价过程中，成为评价活动的主体。

加德纳认为，智力是在某种社会或文化环境的价值标准下，个体用以解决自己遇到的真正难题或生产及创造出有效产品所需要的能力，并提出了多元智能理论，即每个学生都有自己的优势智力领域，都有自己的学习类型和学习方法。加德纳指出，自知自省智力、交往交流智力是人的智能结构中不可或缺的部分，而这些智力通常在实际的学习过程和特定的评价情境中得到培养。这就要求评价主体要由一元变为多元，通过学生自评和互评提高其内省意识，培养沟通与交流的能力。同时，多元化的评价主体有利于全方位收集信息，发挥评价促进学生发展的作用。

三、发展性教学评价多元化评价主体构成

评价主体的多元化已是趋势，不但能增强师生间的互动，还可以建立共同参与、相互影响的教学评价制度，促进学生综合素质提高。为使评价过程科学、客观、开放，为学生发展而评价、为促进学生成长成才而评价，确定参与评价的主体至关重要。高职教育学生发展性教学评价的主体通常有以下几种。

（一）学生自评

自评是指评价对象自己参照发展性评价标准，对自己的学习活动状况或发展状况进行自我鉴定或评价，是评价对象的自我反思、自我认知、自我分析、自我挖掘潜能、自我促进和发展的过程。学生是所有教育活动的参与者和接收者，参与评价可以让他们更清楚自己的定位，自己的学习所得，明晰发展目标，确定自我成长，自我提升，自我超越的最佳路径。学生在进行自我评价时，可以发展他们的批判性思维和评价的技能，激发学生自我教育的能力，提高学生发现问题、探究问题和解决问题的能力，同时提升在学习方面的独立性。学生自评不仅可以自我教育，还可帮助学生战胜自我，实现自我的超越与提升[4]。在学生自评过程中，教师可以引导学生从自己经常犯的错误或遇到的挫折中进行自我反省，并鼓励学生不断超越自我、战胜自我，重新塑造自我。

（二）学生互评

互评是指在共同完成某项学习或活动之后，同学之间进行的交流和相互评价。高职学生参与对同伴的评价，能更清楚地认知自己的优势与不足，提高批判性思维能力和反思能力，并学会交流、合作、分享。坚持"自主学习、合作探究、共同提升"的思路，在教师的正确引导下，学生互评能提高评价自己和他人的能力，建构一种民主、平等的评价关系，发挥学生群体性的教育作用，从根本上体现发展性教学评价以促进学生发展的特质，最终达成促进学生成长成才的目

标。同时，学生互评能让学生从其他同学的评价中更进一步的认识自己，将"自己心目中的我"和"他人眼中的我"进行比较，从区别中找出差距，提升自我认识。互评可让学生在团队中得到不同程度的认可和尊重，在这样的氛围中，教师鼓励学生进行互相指导、互相成长，提高学生交流能力和团队合作能力。

（三）小组评价

小组互评是项目化教学的有效评价手段之一。把学生按照一定的原则分成水平相当的学习小组，小组内分工明确，并定期互换角色。各小组在共同完成某项学习活动之后，同学之间、小组之间互相交流，完成小组评价。小组评价将个人与小组融为一体，形成捆绑式评价，在尊重个体差异的同时，促进每个学生发展，有利于培养学生团结协作能力，激发学生学习热情。

（四）教师评价

教师评价是指教师根据发展性评价目标，遵循高职教育教学规律，依据评价标准，客观、公正、实事求是地对高职学生的学习、进步、成长和发展做出的价值判断[7]。教师评价可以帮助学生总结成功的经验，诊断存在的问题及原因，并给予针对性的指导，激发学生发展动力。

教师是教学第一线的工作者，通过评价能及时发现教学上的问题，找出问题的根源，再进一步解决问题，有利于提高教学的效果。教师的认可、赞扬可以使学生获得成就感，增强自信。在评价主体由单一转变为多元的过程中，教师心态的转变起着决定性的作用。同时，教师的引导在很大程度上影响着学生在评价上的学习与成就。实施发展性教学评价是在教师与学生平等对话的基础上进行的，其作用不只是沟通评价的内容和评价的方式，更重要的是师生达到共同提升与发展。同时，在评价过程中，学生的自学能力、合作意识、认识协作、交流与沟通能力等方面均能得到培养和提高，综合素养不断提升。

（五）企业专家评价

职业教育具有跨界属性，与区域经济发展有着直接而紧密的联系，因此，教学过程中企业专家的评价不可或缺。企业专家根据行业标准、职业资格标准、岗位任职标准等，对学生的操作过程、学生的作品、学生的素质等进行评价，并给出改进的建议，对高职学生职业能力的提高、职业素养的提升具有现实和长久意义。企业专家评价应贯穿学生学习全过程,为学生更高质量就业做好准备。

第四节 高职学生发展性教学评价方法

教学评价方法阐明的是"怎么评"的问题,是发展性教学评价在高职学生教学评价上的具体应用,与传统评价方法相比,其实施理念、实施过程、实施标准、实施工具等方面都有较大差别,有利于营造适合高职学生全面发展、个性化成才的学习环境。

一、发展性评价方法的实施理念

现代职业教育坚持"人人皆可成才,人人尽展其才"的人才观,实施促进学生发展,服务高质量就业的发展性教学评价,能有效促进教学个性化、学习自主化,服务学生全面发展需要。

(一)评价方法关注学生的成长成才

发展性教学评价方法以促进高职学生的成长为目标,立足现在,诊断过去,面向未来,在关注学生现在和过去取得成绩的同时,更加重视学生的未来发展,促进学生不断"增值"。因此,评价方法关注形成性和过程性评价,不以评价结果作为奖罚依据,坚持在评价过程中促进学生主动、积极地发展。

发展性教学评价方法以马克思主义哲学观为指导,从唯物辩证法的视角评定学生的发展[7],认为学生的进步和发展是螺旋式上升或波浪式前进。因而,采用的评价方法应该是立足学生的当前发展态势,充分调动高职学生的内部学习动机,促进其谋求未来的发展,最终实现人生价值。

职业教育是与经济社会发展联系最紧密、最直接的一种教育类型,是促进经济、社会发展和劳动就业的重要途径。发展性教学评价方法关注挖掘学生的内在潜能,培养学生的职业能力、职业综合素养和创新精神,帮助学生树立自信心,能促进高职学生将自身发展需求与职业需求和社会需求紧密结合起来,从而为我国经济社会发展提供有力的人才和智力支撑。

(二)评价方法促进学生的发展

树立正确的人才观,使"人人皆可成才、人人尽展其才"的理念落地生根,努力让每个人都有人生出彩的机会，需要打破传统的评价方法，营造公平、公开、公正的环境，不断激发高职学生的学习热情和创造精神，以达到促进发展，服务高质量就业的目标。

评价方法要关注全体学生的发展。美国社会心理学家威廉·詹姆斯经过研究后发现，人要是得不到激励，仅能发挥其能力价值的20%～40%。传统教学评价面向少数、忽略多数，面向过去、忽视将来，采用选拔式、考评式、划分等级式的评价方法，以奖罚为评价目标，依靠外部力量来驱动高职学生提高学习的积极性，结果会适得其反。发展性教学评价方法聚焦全体学生的发展，发挥评价的导向、诊断、激励、改进等多种功能，坚持以人为本，面向全体高职学生，通过了解学生过去和现在的状态，分析学生的优势和不足，并反馈具体的改进建议，促进全体学生进步和发展。

评价方法要关注学生的全面发展。1996年，雅克·德洛尔主席向联合国教科文组织提交了题为"教育——财富蕴藏其中"的报告，重申了教育的基本原则："教育应当促进每个人的全面发展，即身心、智力、敏感性、审美意识、个人责任感、精神价值等方面的发展。应该使每个人尤其借助于青年时代所受的教育，能够形成一种独立自主的、富有批判精神的思想意识，以及培养自己的判断能力，以便由他自己确定在人生的各种不同情况下他认为应该做的事情"。[13] 2018年，党和国家领导人在全国教育大会上强调，培养德智体美劳全面发展的社会主义建设者和接班人。新时代对高职教育提出新要求，高职教育必须全面贯彻党的教育方针，坚定社会主义办学方向，解决好"培养什么人、怎样培养人、为谁培养人"这个根本问题。发展性教学评价方法关注学生的全面发展，明确高素质技术技能人才培养目标，以促进学生全面发展为根本任务，采用灵活多样的评价方式，在关注学业成就的同时，对学生的职业素养、职业精神、创新精神等做出价值判断。

评价方法要关注学生的个性发展。加德纳在研究脑部受创伤的病人时发觉他们在学习能力上的差异，因此提出多元智能理论。不同的人会有不同的智能组合，每个学生都具有不用于他人的个性、特点、习惯、偏好等，有独特的生理、心理素质和认知方式，这就使得每个学生的进步速度和成长轨迹各不相同，发展目标和路径各具特性。尤其是高职院校的学生，个体特性差异巨大，同质化的评价方法显然不利于学生成长成才。马克思主义关于人的全面发展学说提出了"让每一个人的个性得到充分自由的发展"的重要观点，这为发展性教学评价方法的选择提供了理论支撑。教师要改变用一把"尺子"衡量学生的标准，采用多样化的评价手段，最大限度的个别化评价方式，在评价过程中遵循"因材施教"的理念，尊重每个学生的个性，关注每个学生的成长，体现每个学生的特长，从赏识和发现的角度去评价学生，发现每位学生的特质和潜质，培养学生的创造能力，为每个学生提出适合其发展的、有针对性的建议，促进学生个性化发展，多样化成才。

（三）评价方法突出学生的主体地位

建构主义提倡在教师指导下、以学习者为中心的学习，也就是说，既强调学习者的认知主体作用，又不能忽视教师的指导作用，学生是信息加工的主体、是意义的主动建构者，而不是外部刺激的被动接受者和被灌输的对象。建构主义认为知识无法通过教学过程直接灌输给学习者，学习者必须主动参与到整个学习过程，通过协商、讨论、沟通，建构知识的意义。

基于建构主义思想，发展性教学评价方法坚持把评价对象作为评价主体，主张学生是评价活动的主动参与者，从而增强学生的反思意识和反思能力，从根本上改变以管理者和教师为主导的单一评价主体现象。评价方法侧重于督促高职学生在学习过程中，进行自我审视、自我反思、自我诊断、自我分析、自我判断，从而形成促进自我发展的良性循环。

发展性教学评价方法在实施时，教师和学生是民主参与、协商互动、沟通交流的过程，采用的评价方法、评价标准、评价指标、评价结果等都是由教师和学生共同决定，充分体现了学生的主体作用，有利于发挥高职学生参与教学全过程的主动性，从而起到促进学生发展的作用。

（四）评价方法强调定性与定量结合

量化评价通常使用测验或测量的方法完成教学评价，其客观性和有效性较好，但是，它往往局限于知识类内容的测验。《国家职业教育改革实施方案》中提出健全"文化素质+职业技能"的考试招生制度，为学生接受高职教育提供多种入学方式和学习方式，这使高职学生的理论知识和专业技能差异较大。同时，职业教育以高质量就业为导向，重视职业能力、职业精神和职业素养的培养，因此，单一的量化评价方法不适合高职院校学生。

发展性教学评价方法着眼于学生的发展和进步，坚持定性与定量相结合，定量评价客观性好，能减少评价者的主观程度，因此，用定量的方法评价学生的学业成就。定性评价更加注重过程性评价，如即时性评价、表现性评价、电子学档评价等，因此，用定性的方法评价学生的学习能力、职业能力、职业素养和职业精神等。定性评价更能真实反映出学生的学习规律，有利于实施个性化评价，发现每个学生的潜能和最近发展区，使学生能及时发现学习过程中的问题，不断改进学习方法，提高学习能力。在发展性教学评价方法实施过程中，常以定性评价统整定量评价，而定性评价则以定量评价为基础，二者相互支撑，互为补充。

二、即时性评价

即时评价是课堂评价最直接和最及时的评价方式，对促进学生提高素养、获得全面发展具有重要作用。心理学研究表明，对于学生在特定情境下出现的某种行为进行及时的认可或纠偏，可以使学生增加良性认知或行为，特别是在其行为得到充分肯定后，会形成愉悦的心境，促使其学习态度积极，激发内在学习动力，从而向更高层次发展。即时性评价符合发展性教学评价立足过程，关注发展的特性。将即时性评价应用于高职教育课堂教学中，能有效激发学生的学习动机和参与教学与评价的积极性，从而提高课堂学习成效。本部分在建构主义理论、多元智能理论、马斯洛需求层次理论基础上，阐述即时性评价的特性。

（一）即时性评价含义

即时评价是教学过程中依据一定的评价标准对教学现象做出的实时评估，通过调整、控制受评者的后继行为取得最佳教学效果，是一种有效促进教学目标实现的教学手段。即时评价应用范围较广，涉及学生的学习过程、学习态度、学习方法、学习结果等。主要通过教师的情感流露、言语激励、行为暗示等方式实现评价[11]。

建构主义认为评价应以立足过程，以促进主体发展为根本导向，评价内容倚重于学生的内在心智发展而非知识习得的多寡。即时性评价是一种有效的形成性评价方式，它可以贯穿于课堂教学活动的每一个环节，有助于发挥激发学生学习动机、提高学习积极性的作用。教师通过即时性评价对学生在课堂教学中的行为表现给予即时鼓励，激励学生进步，缩短师生间的心理距离，营造民主、和谐、活跃的课堂氛围，有利于学生积极参与教学和评价全过程，从而引导评价活动更加有效地促进学生发展。学生在课堂上从教师的即时性评价中得到启发，及时发现学习中存在的问题，并迅速做出改正和调整，提高学习能力，明确发展方向，控制后续学习行为，并有助于学生充分认识自我，树立学习和成功的信心，产生积极向上的情感和不断前进的动力，发挥学生的主体作用，激发课堂学习生命力，提高课堂学习成效。

（二）即时性评价特征

即时评价要体现及时性、激励性、全面性、公正性的原则。在课堂教学中，即时评价有利于促进教师与学生的交流，易于被学生接受，可操作性强。

1. 反馈及时

即时性评价不受时间和空间的限制，在课堂教学中，教师针对某个学习环节，对学生的某种行为进行第一时间评价，操作比较简单，反馈及时，易于帮助学生及时了解学习过程中的问题，反观自己，反思自己，更好地掌握学习进程。

2. 应用广泛

即时性评价可以对学生的学习态度、学习习惯、学习内容、学习行为、学习过程、学习特点等各方面进行评价，凡是关系到高职学生成长和发展，都可以纳入即时性评价范畴，应用广泛。同时，教师可以采用口头表扬、体态语言、书面语言等多种形式进行评价。

3. 互动性强

交流是即时性评价的前提，如果教师和学生之间没有交流的意愿，没有交流行为的发生，根本不会存在即时性评价的问题。即时性评价以促进学生发展为目标，摒弃甄别、淘汰功能，重视教师和学生的情感交流，教师对学生行为的评价不是简单的肯定和否定，而是一种如赞赏、质疑、问询等形式的情感反应，学生通过情感回应与教师互动交流，与教与学的过程融为一体，更好地挖掘学生的学习潜能。

4. 体现差异化

即时性评价通常在具体的情境中使用，根据多元智能理论，不同的学生在同样的学习情境中的行为表现和学习特质各不相同。即时性评价因人而异，每一次评价都是针对不同的学生个体，其评价内容和评价方式是具体而有差别的，有利于因材施教。

5. 具有导向性

从关注学生的成长和发展的视角，教师在即时性评价过程中的一举一动都可能具有引导作用，为教师的教学活动和学生的学习进程指明方向。同时，即时性评价的教学情境性和融入性使其具有潜移默化的功效，对学生的心理成长具有一定的暗示功能，有利于培养学生的学习自觉性。

（三）即时性评价类型

根据即时性评价的内容和特征，可以把即时性评价分为激励型评价、包容型评价、延迟型评价等。

1. 激励型评价

美国心理学家马斯洛指出，每个人在完成任务的过程中，都需要被人的鼓励，在出色完成任务后，都渴望别人给予应得的承认。高职学生生源结构多元化的特征，更应充分发挥激励型评价的作用。在课堂教学中，教师针对学生的即时表现，选择恰当的时机，通过语言、情感等，对不同学生的学习行为给予充分的肯定、鼓励和赞扬，使学生在心理上获得自尊、自信和成功的体验，能有效激发学生的学习动机和学习兴趣。

2. 包容型评价

建构主义学习观认为，每个学习者都是以自己的原有知识经验系统为基础，对新的信息进行编码，建构自己的理解，而且原有知识又因为新经验的进入而发生调整和改变。学生不是空着脑袋走进教室的，由于经验背景的差异，学生对问题的理解各有不同，这些差异本身就构成了宝贵的学习资源。教师对学生在课堂学习过程中出现的偏离预期答案、超越常理想象、违背逻辑的现象，不要轻易否定，而是尽可能包容学生，善于发现学生的闪光点，以保护学生的求知欲、学习积极性和创新精神。

3. 延迟型评价

经验表明，新颖、独特的创意或观点，常常会出现在思维过程的后期。延迟型评价就是针对学生的学习表现，教师不急于下结论或进行评价，而是给学生一个自由的空间和充分的反思时间，让他们在宽松的气氛中自由想象，处于一种自然发展状态，畅所欲言，互相启发，集思广益，从而进一步发现问题，并内化为自己的理解，产生创造性的见解，使个性思维得到充分的发展。

三、表现性评价

表现性评价最早应用在心理学领域和企业管理领域，直到20世纪40年代才开始被教育测量学家关注并加以研究，在20世纪60年代后获得迅速发展。考核的是学生面对真实问题的具体表现，评价学生在完成某项特定任务时表现出来的真实水平。由于表现性评价格外注重学习过程的评价和质性评价，受到普遍的重视和推广。表现性评价作为一种评价方法并不新颖，值得关注的是运用这种评价方法推进高职教育教学改革，达到促进学生发展的目的。本节以多元智能理论、建构主义理论为指导，介绍表现性评价的内涵。

（一）表现性评价含义

表现性评价又称为替代性评价、真实性评价、3P（Performance，Portfolios，Products Assessment）评价。它不同于传统事实性知识的测验，强调在完成实际任务的过程中评价学生的发展，致力于更真实地反映教学过程。表现性评价不仅能反映学生知识技能的掌握情况，还能通过观察学生完成任务的表现，评定学生的创新能力、实践能力、与人合作能力、学习态度、价值观念等方面的发展，适合高职学生的学习特点和生源结构特点，能有效提升职业能力和综合素养，达到促进发展，服务就业的目标。

1. 表现性评价的理论依据

表现性评价长期以来在美术、摄影、音乐、舞蹈、体育等很多领域得到广泛应用，通过对各种作品或现场表演进行评价，判断出对专业知识、专业技能掌握的深度和广度，以及具备的综合能力、综合素质、创新精神等。但是，表现性评价受到教育界的重视，却只有二十几年的时间。

20世纪80年代，美国的认知心理学和发展心理学取得了突破性进展，这对教学评价产生了深刻的影响。随着加德纳多元智能理论的提出，人们充分认识到，学业评价不应只重视对语言和数理逻辑能力的考核，还应该对学生的其他智能进行评价。学习活动是学生综合运用不同智能分析和解决问题，并最终获得创造性、具有个体特征的"学习产品"的过程，每个学生的智力强项不同，学习的基础、方法、路径等各不相同，因此，其学习过程中的表现和学习收获差异性较大，需要用多把尺子衡量学生知识、技能、素养等方面的进步和发展。

皮亚杰的建构主义学习理论认为，学习过程是一种经历复杂的内心体验，是学习者基于原有的知识经验生成意义、建构理解的过程。学习的过程是"同化"与"顺应"的结合。同化是指把外部环境中的有关信息吸收进来并结合到学生已有的认知结构中，即个体把外界刺激所提供的信息整合到自己原有认知结构内的过程；顺应是指外部环境发生变化，而原有认知结构无法同化新环境提供的信息时所引起的认知结构发生重组与改造的过程，即个体的认知结构因外部刺激的影响而发生改变的过程。因此，评价强调发挥学生的主体作用，提倡师生、生生之间的交流，注重学生分析问题、解决问题能力以及创新精神的培养。

基于多元智能理论和建构主义理论，20世纪90年代，英美兴起了一场学业评价改革运动，其主要动因是对标准化考试以及考试功能的质疑和批评。越来越多的教育学家认识到，传统的纸笔考试限制了学生的思维和创新，无法考查学生在学习过程中运用知识和技能的真实情况，尤其是学生的情感、态度、价值等素养方面的表现。同时，信息技术的飞速发展，使各国更加重视高素质人才的培养，表现性评价由于其自身注重过程评价、注重质性评价的特性，被放到了越来越重要的位置上。

2. 表现性评价的定义

表现性评价最早由美国国会技术评价办公室在1992年描述为：要求学生创造出答案或产品以展示其知识或技能的测验。这种评价不仅评价学生完成任务过程中所表现的行为、态度、情感，还评价学习任务结束后取得的学习产品。因此可以将表现性评价定义为：学生在设计的真实或模拟的学习情境中，运用先前获得的知识解决某个新问题或创造某种东西，以评价学生知识与技能的掌握程度以及分析问题、解决问题、交流合作和批判性思考等多种复杂能力的发展状况。表现性评价是通过客观测验以外的行动、表演、展示、操作、写作等更真实的表现来评价学生口头表达能力、文字表达能力、思维能力、创造能力、实践能力的评价方法。

表现性评价包含了三方面的含义：一是学生必须自主性、创造性地完成学习任务，用行为表现证明学习过程和结果，而不是从规定好的选项中选择答案；二是教师必须在观察学生的实际操作过程和提交的作品后，给出客观评价；三是这种评价能使学生在完成学习任务的过程中，充分发挥主观能动性和创新精神，有效促进知识学习和能力发展。

（二）表现性评价特征

表现性评价不仅评价学生"知道什么"，更重要的是评价学生"能做什么"；不仅评价学生行为表现的结果，更重要的是评价学生行为表现的过程；不仅是对某个学习任务、某方面能力的评价，更重要的是对学生综合运用已有知识进行操作与表现能力的评价。因此，表现性评价是发展性评价常用的重要评价策略之一，符合高职学生动手操作能力强，但是自信心不足的特征，能有效兼顾学生全面发展和多样化成才，促进学生学习与成长。表现性评价具有以下典型特征。

1. 评价的情境性

用于表现性评价的学习任务通常具有明确的任务目标，根据高职教育的跨界性特征，大部分的学习任务来自真实的工作岗位，具有很强的任务感和真实性，使学生把所学的知识、技能同工作实际联系起来，并用所学的知识和技能分析和解决工作实际中遇到的问题。在这样的职场化学习情境中，学生能充分发挥学习积极性和主动性，充分拓展其创新精神和操作技能，从而将学生各方面的表现呈现出来，教师对完成任务的过程和结果进行评价。这种评价不是让学生在试卷上写出操作思路、步骤、方法和结果，而是在他们在完成具体、真实的学习任务中，施展各自的才华和本领，有利于培养学生的职业能力、职业精神、职业素养和职业自信。评价情境越真实，学生对要解决的问题就越有兴趣，对学习任务也就越重视。

2. 内容的全面性

在表现性评价中，学习任务一般不是单一的知识和技能就可以解决的，通常需要学生综合运用所学的知识和掌握的技能，并进行独立的思考，才能创造性的完成学习任务，也就是说，表现性评价的任务具有一定的挑战性。同时，在评价过程中，对学生的评价不仅仅局限于知识与技能的掌握与进步情况，还包括学生参与学习过程的程度、学习的主动性与创造性、合作意识、交流与沟通、思维的深度与广度，最终，还要对学生的学习结果进行评价。表现性评价能给学生提供全面、可靠的反馈信息，促进学生更好、更快发展。

3. 评价标准的多元性

通常情况下，表现性评价的任务是可以用多种方案、多种途径完成的。因此，其评价标准呈现多元性特征，即没有统一的标准，学生可以基于原有的知识经验生成意义、建构理解，充分发挥个人的创造性，完成学习任务，并积累经验，培养创新意识，提高职业能力和综合素养。这样的评价方式有利于发挥每个学生的优势和特长，挖掘学生的学习潜力，促进每个学生都能做最好的自己。

4. 评价的公开性

传统的评价考试中，通常采用闭卷考试的形式，试题和答案都是保密的。

而表现性评价的任务设计、评价目标、评价标准都是由教师和学生共同协商完成，其评价过程是公开的。这样的评价方式可以充分发挥学生的评价主体作用，让学生全面了解和参与学习与评价过程，提高学习和评价的主动性、积极性和责任感，从而学会在自我反思、自我分析、自我评价的基础上，取得长足的进步和发展。

（三）表现性评价形式

表现性评价可以分为限制式的表现性评价和开放式（扩展式）的表现性评价。限制式的表现性评价对评价的任务和目标有非常明确的要求，而且对被评价者的行动有一定的限制。开放式的表现性评价是一种对被评价者完成学习任务的方法和过程等不做限制要求的评价方法。表现性评价的形式主要有演示、实验与调查、科研项目、口头描述与戏剧表演、作品选集等。

1. 演示

演示是一种给定要求的能力表现，学生借此展示他能够使用知识与技能完成一件定义良好的复杂任务，是限制式的表现性评价。构成演示的任务通常是提前定义好的，并且要保证学生和评价者熟悉或了解完成演示的正确或最佳方式。如学生可以演示使用仪器设备的技能，演示在图书馆或因特网上查找信息的能力等。演示侧重于展示学生运用技能的程度，而不是解释自己的思维或原理。

2. 实验与调查

实验和调查也是一种限制式的表现性评价，主要评价学生是否运用了适当的探究技能与方法，还可以评价学生是否形成了适当的观念框架及对所调查现象是否形成一种理论性的、基于学科知识的解释。为评价这些能力，要求学生在开始收集数据前做出估计与预测，而后收集、分析数据，展示分析的结果，得出结论并进行论证。

3. 科研项目

科研项目是开放式的表现性评价，是一种持续时间较长的学生活动，让学生或学生群体完成一项科研项目，从而对其综合运用知识的能力做出评价。在实际运用时，又分为个体项目与群体项目。个体项目要求学生具有广泛的知识与能力，此外还要求学生能运用批判性思维、创造性思维解决问题。群体项目主要目的是评价学生能否以合作性的、适当的方式一起工作，并创造出一个高质量的产品。

4. 口头描述与戏剧表演

口头描述与戏剧表演是开放式的表现性评价。口头描述由学生以会谈、演讲的方式展示其口语技能，评价集中于论证与辩驳的逻辑与说服的质量上。戏剧表演将言语化、口头与演讲技能及运动能力表现结合在一起，通过扮演角色将个人特点表现出来。

5. 作品选集

作品选集是开放式的表现性评价，是学生作品的有限集合，用于展示学生的最佳作品，或者展示学生在给定时间段内的教育成长过程。作品选集并不仅仅是学生所有作品的集合，还包括判断优秀作品的标准、学生对作品的修改及对作品的自我分析与反思。

四、电子学档评价

电子学习档案袋简称电子学档，又称电子档案袋，是在学档的基础上发展而来，是传统档案袋与信息技术结合的产物，具有鲜明的信息技术特色。与传统档案袋相比，电子学档具有携带方便、易于保存、修改便利、便于浏览等优势。随着信息技术的发展和普及，电子学档评价在教育教学中的研究和应用也日益广泛。本节基于多元智能理论、建构主义理论和反思性学习理论，对电子学档评价法进行阐述。

（一）电子学档评价含义

信息技术的快速发展以及在教育教学中的广泛应用，既促进了优质教学资源的共建共享，而且改变了传统的教育观念和教学组织方式，有效提高了学生的学习兴趣和积极性，加强教师与学生之间互动，显著改善了学习成效。信息技术应用于发展性教学评价，能使评价方式和手段更加科学有效，更有利于激发学生学习的内生动力。电子学档评价法就是随着现代信息技术发展应运而生的评价工具，它展示了学生某一段时间内、某一专业领域内的发展和进步情况，是发展性评价应用广泛的一种评价方法。

美国心理学家加德纳认为，利用档案袋可以很好地评价他所提出的多元智能理论的学习历程，特别是对那些不能采用标准化测验测试的技能，如艺术类能力，因此将其引入哈佛教育学院"零点项目"。随着该项目在美国的推广，更多的学校和科目开始了解档案袋，并采用档案袋评价法来评价学生的学习。

美国的巴莱特博士给出的电子学档的定义是各类定义中得到广泛认可的一个。他认为，电子学档是学习者运用电子技术、档案开发者以各种格式（音频、视频、图片和文本等）来收集和组织学习内容和素材的方式，基于标准的电子学档运用数据库和超文本技术清晰地展现标准和目标、作品与反思之间的关系，将学习者自身成长目标、典型作业和教学反思之间的关系清晰地呈现出来。运用电子学档进行的评价称为电子学档评价。

电子学档评价法应用于高职教育发展性教学评价中，是指信息技术环境下，学习者运用信息手段表现和展示学习者在学习过程中关于学习目的、学习活动、学习成果、学习业绩、学习付出、学业进步以及关于学习过程和学习结果进行反思的有关学习的一种集合体。主要内容包括学习作品、学习参与、学习选择、学习策略、学习自省等材料，由学习者本人在教师或同学的协助下完成，档案的内容和标准选择等必须体现学习者的参与。这种评价方法是对教育教学过程进行的真实性评价，关注评价发展性、反思性功能的一种有效的质性评价方式，注重给每个学生表现的机会，注重学生的多元智能，重视评价的情景性，记录学生学习成长的过程，注重学生在学习过程中的反思并强化反思。它所汇集的是学习者在某一学习阶段或基于任务的学习活动中几乎全部的学习成果和作品，其目的不是鉴别选拔，而是发现每一个学生独特的智能特点，发展其优势智能并促进优势智能向弱势智能迁移，从而促进学生的全面发展。

（二）电子学档的特征

使用电子学档进行评价，学习者可以感受进步、不断反思，在不断回顾作品的过程中获得发展，提高学习能力。电子学档评价重视学生的个体差异，发挥学生的主体作用，注重学生的发展，发现学生的潜能及特长，符合高职院校学生的特质。电子学档具有以下特征。

1. 便利性

传统的学习档案多是纸质资料，不便于保存、查阅和备份，为信息的收集和管理带来了较大不便。电子学档运用现代信息技术完成资料的收集和整理，储存管理方便，易于信息的保存和备份。

2. 开放性

学习者可以借助信息技术将自己的电子学档上传到学校网站、个人社交网站等公开性网络空间，与同学、老师、家长共同分享，为老师指导和同学间相互评价提供了很大方便。

3. 真实性

电子学档记录了学生的学习、思考和成长过程，为学生保存了大量详细而真实的资料。它像一面镜子，真实展现了学生在知识、能力、素养等方面的进步和发展，使学习者看到自己发展的轨迹，反思自己的学习效果，促进对学习进程和方法的调整。

4. 创新性

电子学档是以学习者为中心的新型教学模式的产物，它以建构主义学习理论为指导，提倡学生通过对外界的认知主动构建自己的知识结构。电子学档鼓励学生自主探究、自己搜集和筛选作品，学习者可灵活设计和布局自己的电子学档，筛选利于展现自身优势和个性的作品来构建学档，有利于培养学生的创新精神。

5. 激励性

实践表明，电子学档能有效提高学生的学习积极性，学生在收集、筛选资料时，获得了极大的成就感和满足感，进一步激发了学生学习探究的兴趣。学习者可以对自己的学习过程进行反思，促使学习者乐于深度学习、探究知识，正确审视学习目标，主动完成学习任务。

6. 过程性

电子学档能够让学习者在设计、制作、完善档案资料的过程中，实时觉察个人在知识积累、能力培养、素养提高等方面的进步，它收集了学习者在学习过程中的学习活动信息、学习成果、学习业绩、学习付出信息以及关于学习过程和学习结果反思的有关信息。这些信息很好地展示了学习者知识和认知过程的发展变化，为实施过程性评价提供了依据和支撑。

（三）电子学档的内容

从发展性评价要求出发，电子学档的内容至少应该包括学生信息、学习依据、学习记录、学习成果、学习反思等几个方面。但是由于电子学档评价的目的、对象、功能等各不相同，所以内容也不尽相同。高职教育中，用来实施发展性评价的电子学档内容通常包括以下内容。

（1）学生信息。指学生的姓名、学号、专业、年级、个人爱好等基本信息，不拘一格，教师给出基本要求，由学生自行完成。

（2）学习目标。根据学生的学习基础和课程目标，由教师和学生共同制定个性化的学习目标。

（3）学习任务。由教师根据课程学习目标和课程内容设计，描述不同的学习任务以及对知识、能力、素质的要求。

（4）作品选择。教师和学生共同决定选择哪些类型的作品，如设计文案、美术作品、实训报告等，要能展现学习者的学习成效和进步水平。

（5）学习记录。由学生根据个人具体情况，采用多种形式记录学习过程。

（6）评价标准。由学生和老师共同协商决定。

（7）评价反馈。包括教师的评价、学生自评和学生互评，评价结果可以是评语、等级、分数等。

（8）自我反思。学生通过自评和他评，不只对学档中单个作品进行评价和反思，更重要的是对整个学习过程进行评价和反思。

（四）电子学档评价的功能

电子学档记录了学生完整的成长过程，帮助学生通过反思学习过程，发现并及时调整出现的问题，使学生发现自己的进步，有利于学生的成长。

1. 电子学档评价帮助学生养成反思思维

建构主义认为，学习者的学习过程是自我知识体系建构的过程。在学习过程中，学习者是知识的主动建构者，要求学习者在自己活动过程中不断地进行概括、感悟和反思。因而，反思是学生自我知识体系建构过程中的重要阶段。美国著名教育家杜威认为，在教育教学中，应以培养学习者的反思性思维作为教育目的。国内外研究表明，学生通过收集和整理电子学档，可以更好地对学习内容和目标进行反思，这种评价方法能帮助学生分析自己的学习动机，评价自己的学习策略，促进学生积极与同学合作学习，并能直观地看到学习者的进步。

2. 电子学档评价提高学生学习能力

学习能力就是学习的方法与技巧，有了学习的方法与技巧，学习到知识后，就能形成专业知识和专业能力。学习能力是所有能力的基础，一般包括学习专注力、学习成就感、自信心、思维灵活度、独立性和反思力。电子学档评价是过程性评价，对学生在学习过程中的知识建构能力、问题探究能力、问题解决能力、反思能力和协作能力具有很大的促进作用，有利于培养学生的学习能力。评价时，教师提出基本要求之后，学生将自主进行搜集素材、筛选上传作品、相互评价和进行反思等一系列活动，在活动中充分调动了每个学生的学习积极性，不断提高自我求知、做事、发展的能力。

3. 电子学档评价促进学生全面发展

电子学档评价注重学生的多元智能，给每个学生表现的机会，记录学生学习成长的过程。它所汇集的是学习者在某一学习阶段或基于任务的学习活动中几乎全部的学习成果和作品，其目的不是鉴别选拔，而是发现每一个学生的独特的智能特点，发展其优势智能并促进优势智能向弱势智能迁移，从而促进学生的全面发展。

（五）电子学档的类型

根据电子学档的使用目的、针对对象不同，可以把电子学档分为目标型学档、过程型学档、展示型学档和评估型学档[13]。

1. 目标型学档

目标型学档是在教师确定的主题下，学生独自确立学档内所收集的作品、行为记录及成绩等材料，独自完成学习过程的信息记录，独自收集学习信息建立起来的。主要是培养学生制定计划和选择目标的能力，培养学生自我监控和反思能力。

2. 过程型学档

过程型学档通常要体现学生的学习过程，记录学生在学习过程中所取得的成绩及问题、学生作品的产生过程及学生对作品的反思。过程型学档更关注学习的过程，记录学生作品产生的过程。它收集的内容通常根据学习目标和学生的学习状态确定。

3. 展示型学档

展示型学档也称为最佳成果学档，通常收集学生最好的或者最喜欢的作品，向他人展示在某一段时间内在某个方面取得的成果。通过成果展示，给每个学生提供了展示自我的机会，有利于增强学生的自信心和学习的积极性。

4. 评估型学档

评估型学档主要用来收集学生在某一学习领域的学习事实，系统地评价学生的学习，并且将评价结果反馈给家长或学校，评价结果也将作为学生的学业成绩。

第四章 高职学生发展性教学评价模型构建

20世纪初，美国的教育界也曾相信，标准化考试是人才测量和选拔的最科学、最公正、最可操作的方法。但是，在实行了二十多年后，应试教育的弊端一览无遗。教育学家桑迪在此基础上提出，将带有惩罚性的考试，改成为引导、刺激学生继续学习和发展的评价，将以书面考试为主的评测，发展为以观察法为重点的多样化评价，将以记忆为主的评测，改为以创造性及问题意识为中心的评价，将在课程结束时进行的评测，改为与课程同时进行的过程性评价，将只由教师进行的评测，改为学生参与的多元化主体评价。

"工业4.0"带来了人才需求结构和能力的变化，迫切需要高职教育加快培育大批具有专业技能与工匠精神的复合型、创新型高素质技术技能人才，从而使人才的综合素质被放到了重要的位置上。传统评价模型和体系已不能满足新时代人才培养的需求，如何充分发挥高职学生学习主体性，激发内在学习动力，促进学生全面发展，已经成为急需解决的问题。

第一节 发展性教学评价指标体系

教学评价指标体系包括对评价对象进行评价的各项指标以及各项指标在质量和数量上应达到的具体要求和程度，是实施教学评价的准则和尺度。发展性教学评价的指标体系以促进学生发展和成才为基本遵循，在确定了评价内容的基础上，其评价指标体系由评价者和评价对象共同协商完成，在服务学生全面发展的同时，兼顾学生个性发展。

一、发展性教学评价指标体系

评价指标体系是指由表征评价对象各方面特性及其相互联系的多个指标所构成的具有内在结构的有机整体，是对评价对象进行评价的、能反映评价对象本质特征的基本要素的集合，也就是评价内容的分项集合[7]。

（一）评价指标的内涵

评价指标是评价目标、评价内容的具体化，也是对评价对象进行价值判断的依据。评价指标包含目标和指标两个基本要素。目标是对活动预期结果的主观设想，是在头脑中形成的一种主观意识形态，也是活动的预期目的，为活动指明方向。一般情况下，目标是预先设定的，带有一定的原则性、抽象性和概括性。由于发展性教学评价注重对过程的动态评价，因此，目标中还应考虑这些不确定因素。由于目标的抽象性等特征，使其难以直接用于评价，作为评价的依据，需要将目标具体化，即指标化。指标是事先规定的应达到的目标，检查、统计中也指实际达到的标准，指标实际上是目标某一方面的规定或者具体化，是具体的、可操作的、可测量的目标。

（二）评价指标体系的构建原则

发展性教学评价指标体系的构建为顺利开展评价提供坚实的理论依据和保障。为了使指标体系科学化、规范化、可操作性强，更好地为促进学生发展服务，在构建指标体系时，应遵循以下五个原则。

1. 系统性原则

各指标之间要有一定的逻辑关系，各指标之间相互独立，又彼此联系，共同构成一个有机整体。指标体系的构建具有层次性特征，自上而下、从宏观到微观，层层深入，形成一个不可分割的评价体系。

2. 动态性原则

发展性教学评价用发展的眼光评价每个学生，动态监测学生学习过程中取得的进步、增量、成就。因此，指标的选择要坚持动态性原则，能准确反映学生发展过程中的特征。

3. 科学性原则

指标体系的构建要坚持科学性的原则，能客观、真实地反映学生发展的特点，评价学习的全过程，充分体现学生的增量和进步。同时，评价指标在总体范围内要保持一致性，且应该具有典型代表性。

4. 共性和个性统一原则

共性和个性是辩证统一关系，共性指一切事物或某类事物共有的性质，它决定该类事物发展的基本趋势。个性指某一事物所特有的性质，是一事物区别于另一事物的根据。由于高职学生生源结构多元化特征，根据多元智能理论，发展性教学评价指标体系的构建要坚持共性和个性统一的原则，在促进学生全面发展的同时，助力学生多样成才。

5. 可操作性强原则

指标体系构建的目的是为了实时、动态提供学生发展进步的数据，更好地服务于学生成长成才，因此，指标选取要坚持可操行强的原则，各指标尽量简单明了、便于收集，不宜过多过细，使指标过于烦琐，增加工作量。同时，选择指标时也要考虑能否进行定量处理，以便于进行数学计算和分析。

（三）评价指标体系构建

发展性教学评价指标体系的构建可以分为四个步骤：制定评价目标、初拟评价指标、筛选评价指标、确定评价指标。

1. 基于SMART原则制定评价目标

评价目标是进行发展性评价活动的前提，在制定评价目标时，应遵循目标管理原则，即SMART（Specific Measurable Attainable Relevant Time-based）原则。

S代表具体的，即明确性，指教学评价要切中特定的工作指标，不能笼统，要用具体的语言清楚地说明要达成的行为标准。

M代表可度量的，即衡量性，指教学评价是数量化或者行为化的，验证这些评价指标的数据或者信息是可以获得的。要求目标不能模糊且有一组明确的数据，作为衡量是否达成目标的依据。

A代表可实现的，即可实现性，指评价指标在付出努力的情况下可以实现，避免设立过高或过低的目标。目标设置要坚持学生作为评价主体全程参与，使拟定的目标在评价主体与客体之间达成一致。

R代表相关性，指实现此目标与其他目标的关联情况。如果实现了这个目标，但对其他的目标完全不相关，或者相关度很低，那这个目标即使被达到了，意义也不是很大。

T代表时限性，指目标是有时间限制的，注重完成评价指标的特定期限。根据评价指标的权重、评价任务的轻重缓急，拟定出完成目标项目的时间要求，对完成进度情况进行实时检测，便于根据具体情况及时地调整评价计划。

遵循SMART原则，教师和学生根据学生的不同特质，共同制定发展性评价教学评价目标，以达到服务就业、促进发展的目的。

2. 初拟评价指标

评价目标明确以后，就要依据评价目标初拟评价指标。常用的方法有头脑风暴法、因素分析法、理论推演法、典型研究法等。

头脑风暴法是由美国BBDO广告公司的奥斯本首创的，其目的是产生新观念或激发创新设想。该方法用于初拟评价指标，主要由相关专家、教师、学生，在正常融洽和不受任何限制的气氛中以会议形式进行讨论、座谈，打破常规，积极思考，畅所欲言，充分发表对各个评价指标的看法，进行无限制的自由联想和讨论，最终获得初步用于发展性教学评价的各级指标。

因素分析法又称经验分析法，是一种定性分析方法。该方法主要是根据评价对象本身的意愿和发展逻辑结构逐级分解指标，把分解得到的影响评价对象的主要因素作为评价指标的方法。该方法分解出来的因素从整体到局部、从大到小，逐层次缩小内涵，直到评价指标可观察、可测量。因素分解的对象是评价目标，分解的目的是指标可见可测。

理论推演法是根据有关学科的理论，推演评价指标和论证评价指标的手段。例如，根据心理学理论，智力是一般的认识能力，包括观察力、注意力、记忆力、思维力、想象力；能力是运用智力解决问题的实际本领，包括运用知识的能力、独立获取知识的能力、创造能力、表达能力、交往能力等。根据心理学关于智力和能力的理论，可以推演出评价高职学生知识能力、专业能力的指标，还可以借鉴这些理论对评价指标的内涵做出明确的界定。

典型研究法是通过对少数典型事例进行研究而设计评价指标的方法。典型研究可以分为正向研究、负向研究和正负向结合研究三种类型。正向研究是通过对成功的典型事例进行研究，得到评价指标；负向研究是通过研究失败的事例，得到评价指标；正负向结合研究是通过成功的典型事例与失败的事例进行比较，得到评价指标。使用典型研究法要注意选择的事例具有典型性和代表性。

初拟评价指标的方法，实际上是发展性教学评价指标体系的初步设计，采用的方法本质上都是发散思维。

3. 筛选评价指标

初拟的评价指标通常数量较多，其中，有些指标能适应于发展性教学评价，符合指标体系的构建原则，同时，也会有部分指标的有效信息较少，不能反映发展性教学评价的本质属性；还会有部分指标在定义或内涵上有所交叉。这就需要对初拟定的指标进行筛选，以达到少而精的要求。通常用的筛选指标方法有经验归纳择优法和数学分析法。

经验归纳择优法是指凭借经验对初拟评价指标进行归类、合并，决定取舍。此方法还有个人经验法和群体经验法之分。个人经验法指的是评价指标设计者凭借自己的经验，对初拟的评价指标进行分析比较、排列组合，思维加工，筛选出评价指标。群体经验法是汇聚团队内大家的经验、意见和建议，运用统计方法进行指标筛选，如，德尔菲调查法。具体做法就是将初拟的评价指标设计成问卷，发放给职教专家、优秀的专任教师、学生等，让他们根据各自的经验判断各指标的重要程度，再对回收的数据进行统计分析，确定最终的评价指标。本书在确定评价指标时即选用德尔菲调查法。

数学分析法是指运用数学方法对可以定量化的决策问题进行研究，解决决策中的数量关系的决策分析方法。如，聚类分析法，这种方法是将物理或抽象对象的集合分组为由类似的对象组成的多个类的分析过程，即通过数据建模简化数据。其具体做法是根据某种分类原则，将错综复杂的评价指标聚为一类的方法。

经过筛选的指标分层次构成了高职学生发展性教学评价指标体系，基本能够遵循构建原则，将评价目标具体化，完成对评价内容科学、客观的评价，但是还需要进一步调整和优化。

4. 确定评价指标

筛选后的评价指标经过一段时间的试运行后，由评价双方共同讨论，决定是否需要调整指标，使作为评价主体的学生有信心做更好的自己。经过调整后的评价指标就可以确定下来，并继续完善评价标准和评价指标权重。

二、发展性教学评价标准体系

评价标准是指某项评价指标应当达到的要求或水平，是进行评价的标杆与依据，评价标准的合理性与科学性是实施发展性教学评价的关键所在[4]。

在制定评价标准前，首先要充分了解评价目标，并考虑学生个体发展的差异性，根据高职学生的特质制定促进学生发展的评价标准。发展性教学评价标准的制定，必须以高职教育的人才培养目标为基本遵循，同时具备可操作性、可行性、科学性和灵活性的特征。通常情况下，评价标准由标度和标号组成。

标度是指由文字描述来表达对某项评价指标应达到的要求和水平。如发展性教学评价指标体系中，将职业素养作为一级指标，将工作态度作为二级指标，如可用"工作态度严谨认真的程度"来描述该二级指标。

标号是区分标度等级的符号，如标度"工作态度严谨认真的程度"。若工作态度严谨认真，可用A级来评价；若工作态度比较严谨认真，可用B级来评价；若工作态度一般，可用C级来评价；若工作态度懒散随意，则应评为D级。这里，A、B、C、D即为标号。标号本身没有独立的意义，是用来描述评价标度的。

三、发展性教学评价权重体系

在发展性教学评价中，指标的权重表征了该指标在评价指标体系中所起作用的大小，通常被赋予一定的数值。每个指标体系对应一个权重集合。

（一）指标权重的内涵

权重是用来衡量每个评价指标在评价指标体系中的重要程度的一个数量。指标权重的设计和确定，是评价指标体系构建的一项重要内容。指标表明了各要素对整个发展性教学评价的价值，而权重则表示每个指标在整个指标体系中的相对性的价值。

在设计好的指标体系中，每个指标的权重分别为 w_1，w_2，w_3，…，权重是一个小数或者分数。如果把指标体系看作是一个整体，并视为1，则每一项指标的权重均为小于1的数，且有：

$$w_1+w_2+w_3+\cdots=1$$

（二）指标权重的确定

确定权重的过程和设计指标的过程类似，是统一评价双方认知各项指标价值的过程。常用的确定指标权重的方法有平均值法、对照配权法、协商确定法、层次分析法等。

平均值法是指先咨询专家意见，由专家分别给评价指标体系中各项指标分配权重值，然后进行统计，求得的各项指标权重的均值即为指标的权重。这是确定指标权重最简单的方法。

对照配权法是一种定量和定性相结合的方法，该方法由发展性评价双方对评价指标中的每两个评价指标对照、比较、赋值，然后计算各项指标所得分数之和，再除以各项指标的总得分，即为每项指标的权重值。对照配权法的操作过程见表4-1。

表4-1 对照配权法

评价指标	两两对照、比较、赋值						总分	权重值
理论知识	0.3	0.55	0.6				1.45	0.24
职业能力	0.7			0.55	0.7		1.95	0.33
职业素养		0.45		0.45		0.6	1.5	0.25
综合素质			0.4		0.3	0.4	1.1	0.18
总计	1	1	1	1	1	1	6	1

协商确定法是指由评价主体和客体通过协商，探讨更适合评价对象发展的权重体系。由于发展性教学评价关注学生的个性发展，有时不需要统一的评价指标体系和评价标准，因此，也不需要确定统一的权重[8]。在实际操作中，可以通过评价对象的反思，找到其发展过程中存在的问题，并确定适合其发展的权重。

层次分析（AHP）法是美国著名运筹学家萨蒂首先引入评价领域以解决权重确定的问题。通过将层次元素的重要性进行定量描述，计算判断矩阵的相对重要性的权值，并进行排序和一致性检验，增强发展性教学评价的科学性和有效性。本书使用层次分析法确定各项指标的权重。

第二节 雷达图视域下高职学生学习能力评价

美国预言家阿尔文·托夫勒指出："未来的文盲不再是目不识丁的人，而是没有学习能力的人。"学习能力是所有能力的基础，是元能力，是一个人的核心竞争力。

一、学习能力评价指标体系构建

学习能力是指学习的方法与技巧，学习到知识后，就形成专业知识；学习到如何执行的方法与技巧，就形成执行能力。学习能力是所有能力的基础，表现学生的学习专注力、学习成就感、发展自信心、思维灵活度、独立性、反思力。信息化背景下学生学习能力可以分为自主学习能力和资源应用能力两个大方面，其中，自主学习能力是监测学生学习能力的最重要指标。

（一）自主学习能力

心理学家班杜拉认为自主学习是一个动态过程，是个体基于学习行为的预期目标、计划与行为现实之间的对比，侧重环境与个体在自主学习过程中的交互作用。以罗杰斯为代表的人本主义理论学派认为自主学习的本质是以学生为中心组织教育教学，以启发式方法引导学生进行自主学习，培养学生的自主性、独立性和创造性，积极促进学生学会学习。以弗拉维尔为代表的认知建构主义学派认为自主学习本质是元认知监控学习，强调学生根据自己的学习目标和学习能力，主动选择适合自己的学习策略，并从学习动机、学习条件、学习时间、学习兴趣、学习方法等方面对自主学习的实质作了解释。

职业院校学生由于学习兴趣不高，缺乏良好的学习习惯，因此，自主学习能力尤为重要。借助于信息化手段和优质教学资源，以尊重和信任学生为前提，以调动学生学习积极性和学习的兴趣，激发学生的积极思维为目的，使学生自觉、主动地进行有利于自己发展的学习活动，促使学生从"要我学"变成"我要学"。自主学习能力包括元认知能力、自我规划能力、自我激励能力三个指标。

1. 元认知能力

元认知能力是由弗拉维尔于1976年在《认知发展》一书中明确提出。它的实质是对认知的认知，包括认知操作的各个方面，是学习者个体对自己的认知加工过程的自我觉察、自我反省、自我评价与自我调节。元认知能力在职业院校学生自主学习的过程中发挥着非常重要的作用，能对学习活动进行监控、调节，也能对自主学习过程中的各个环节做出评价。主要包括自我监控能力、自我调节能力、自我评价能力、反思能力四个要素。自我监控能力是学习者在学习过程中对自己的学习行为和情感进行监督、控制的能力，它直接影响自主学习预期目标的实现；自我调节能力是对学习进度、方法和不合理的学习计划进行调整，对学习过程中出现的不良学习行为和精神状态进行纠正和调节的能力，是信息化环境下自主学习的必要条件；自我评价能力指学习者在学习过程中或学习任务完成后，对学习效果、学习策略、时间利用等学习活动进行评价的能力；反思能力是指学生对学习的心理和精神状态进行反思，从而获得一种自我反馈，以此作为以后学习的借鉴和指导[14]。

2. 自我规划能力

自我规划能力是指学习者能够根据需要对学习做出合理的计划安排，职业院校学生在校期间针对专业培养目标不同，采用不同的学习策略，选择学习内容，制定学习计划，并明确经过学习之后能够达到的要求或标准，以保证整个学习过程有序有效地进行。自我规划能力包括树立发展自信心、制定学习目标、制定学习策略。自信心是反映学习者对自己是否有能力成功地完成学习任务的信任程度的心理特性，是一种积极、有效地表达自我价值、自我尊重、自我理解的意识特征和心理状态。学习目标是预期的学习结果，它决定教学活动的方向，并确定教学评价的依据，明确的学习目标确定了学习的方向，根据学习目标学生可以选择学习内容和学习方式，合理安排学习时间。学习策略是学习者在学习过程中采取的措施、方法以及组织的相关活动，它能引起技能、智力和情感的持久变化，学习策略要依据不同的学习内容来选择，并根据学习活动的变化而进行调整。

3. 自我激励能力

自我激励能力是个人通过激发自己心里的强烈渴望，使自己处于自信、积极、乐观的状态，能够不断鼓励自己进行学习、工作的能力，是促进一个人进步的内在动力源泉。职业院校学生由于自信心不足，自我激励能力格外重要。自我激励包括学习责任心、学习动机、学习兴趣、自我效能四个方面。学习责任心就是对自己负责，把学习看成自己的事，按时按质地执行学习计划，勇于面对学习中的各种困难，并积极解决；学习动机是学生进行学习活动的直接心理原因，一个人为什么要学习，是否愿意学习等都与学习动机有很大的关系，学习动机贯穿在整个学习的过程中，不仅让学生以积极的态度开始学习，还能让学生耐心、负责地处理学习过程；学习兴趣是学习内容的趣味性对学习者产生了吸引和强烈的关注，使得学习者愿意接触、愿意探究，并能从中感到快乐的精神状态；自我效能是个人对自己完成某件事情所需能力的信心，即相信自己能够取得成功的信念。

（二）资源应用能力

在国家政策的大力支持下，我国基本实现职业院校有线无线网络全覆盖，"人人皆学、处处能学、时时可学"的数字化学习环境和智能校园基本建成，正逐步实现所有专业优质数字教育资源全覆盖。信息化环境下职业教育的学习环境是基于资源的，学生从教室步入了网络，拥有除了老师、同学之外，更快捷、更方便的网上学习伙伴，丰富的网上资源远远超出课本的限制，使学生的思维总是处于积极活跃状态，在这样一个网络资源极其丰富的环境下进行学习，需要学生掌握更多、更全面的利用网络提供的信息资源进行学习的能力。

1. 信息素养

信息素养是一个内容丰富的概念，是教育信息化需要学习者具备的一种基本能力，根据职业教育的育人目标，学生的信息素养更重视信息的应用，主要包括信息选择能力、信息搜索能力、信息加工能力三个指标。信息搜索能力是指学生根据自己的学习目标，运用信息检索工具在网络中收集与学习内容相关信息的能力；信息选择能力是指学习者面对海量的、良莠不齐的信息，可以根据老师的要求或自己的需要对信息进行选择的能力；信息加工能力是指学习者对收集到的信息进行挑选、分析、加工、整合，获取所需知识的能力。

2. 核心能力

核心能力是保证学习者在信息化环境下完成学习的综合能力，主要包括知识转化能力、与人合作能力、展示交流能力。知识转化能力指学习者将所学到的知识转换成需要的技能、素质等的能力；与人合作能力是指学习者在完成学习任务过程中，所需要的协调、协作能力，表现为愿意和别人一起来完成一件事，与人分享成功的果实等；展示交流能力是指学习者顺利展示学习成果，与他人有效地进行沟通信息的能力，它可以帮助学习者将自己所拥有的专业知识及专业能力进行充分的发挥，并能给对方留下"我最棒""我能行"的深刻印象。

3. 学习资源应用能力

学习资源是学习者进行学习活动的外部条件，它是直接或间接影响学生学习的外在因素。职业院校生源的多元化迫切需求个性化、多样化的教学模式和丰富的数字化资源，对学生学习资源应用能力提出了更高的要求。学习资源应用能力包括课程平台应用能力、信息化设备应用能力、营造信息化环境能力。课程平台应用能力是指学习者熟练使用课程平台提供的电子教案、课件、题库、学习软件等资源，完成自主学习和个性化学习；信息化设备应用能力是指学习者熟练应用信息化学习环境下的软硬件资源，如多媒体计算机、校园网、电子阅览室、移动终端等设施；营造信息化环境能力是指学习者创造并维护文明、健康的学习环境，充分享用信息技术时代的环境资源，将学习由被动变主动，不断提高自主学习的能力。

根据学习能力的内涵，通过分析职业院校学生特点，将元认知能力分为自我监控能力、自我调节能力、自我评价能力、反思能力4个观测点；将自我规划能力分为发展自信心、制定学习目标、学习策略3个观测点；将自我激励能力分为学习责任心、学习动机、学习兴趣、自我效能4个观测点；将信息素养分为信息选择能力、信息搜索能力、信息加工能力3个观测点；将核心能力分为知识转化能力、与人合作能力、展示交流能力3个观测点；将学习资源应用能力分为课程平台应用能力、信息化设备应用能力、营造信息化环境能力3个观测点。因此，职业院校学生学习能力监测指标体系由一级指标2个，二级指标6个，三级指标20个构成，如图4-1所示。

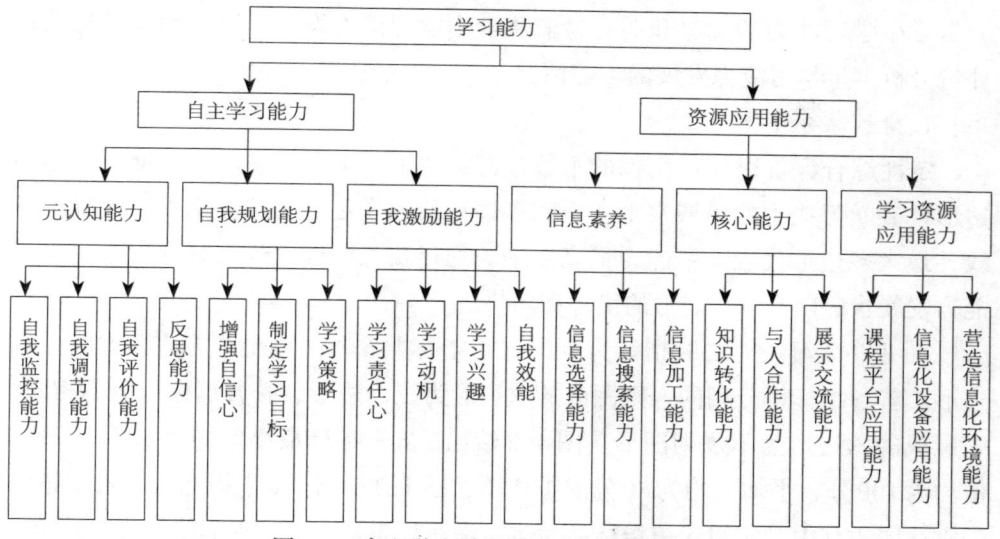

图4-1 高职学生学习能力评价指标体系图

二、雷达图视域下学习能力评价体系构建

（一）雷达图理论

雷达图也称蜘蛛图、蛛网图、星状图、极区图，最早用于对企业的财务指标分析，反应总体财务状况，是一种以二维形式展示多维数据的图形。由于整个图形形似雷达仪表盘，因此称为雷达图[15]。

雷达图分析法是综合评价中常用的一种方法，尤其适用于对多属性体系结构描述的对象做出全局性、整体性评价。它的主要优点是考虑了被评价对象的不确定性和多元化，将定量的数据分析以定性的结果显示出来，把不同类别指标在同一平面中进行横向直观对比评价。

雷达图从中心点出发，由若干个同心圆（或多边形）组成，同心圆由内向外引若干条射线，它们之间等距，每一个圆（或多边形）代表一定的分值。在确定了评价指标和相关数据后，从圆心出发画 N 条坐标，每条坐标表示一个评价指标。将每个评价指标评分结果标注在相应的轴上并连接各点连成一个封闭的多边形，即为雷达图。

（二）雷达图视域下学习能力监测体系构建

本书进行雷达图视域下学习能力评价，解决以下问题：利用定性综合评价分析学生学习能力的优势和弱势，监测学生学习能力发展状况；利用量化综合评价分析学生学习能力发展的均衡情况。

1. 定性综合评价

定性综合评价以评价指标的个数 N 为基数画三个同心多边形，通常最小多边形代表学习能力的最低水平；中间多边形代表学习能力平均水平，又称标准线；最大多边形代表学习能力最高水平。通过雷达图能定性综合评价学生学习能力发展状况以及学习能力的优势和弱势。

本书以学习能力二级指标为例，二级指标共 6 个，因此，雷达图为同心六边形。若各指标得分相同，则围成的六边形为正六边形，若各指标得分不相同，则围成的六边形为不规则图形。图 4-2 给出了 6 个指标最小值均为 60 分，最大值均为 100 分，平均值均为 80 分的雷达图，图 4-3 给出了 6 个指标得分各不相同的雷达图。其中，实线代表指标最大值，虚线代表最小值，点划线代表平均值。

2. 量化综合评价

在雷达图综合评价中，可以通过计算雷达图的面积和周长，全面反映评价

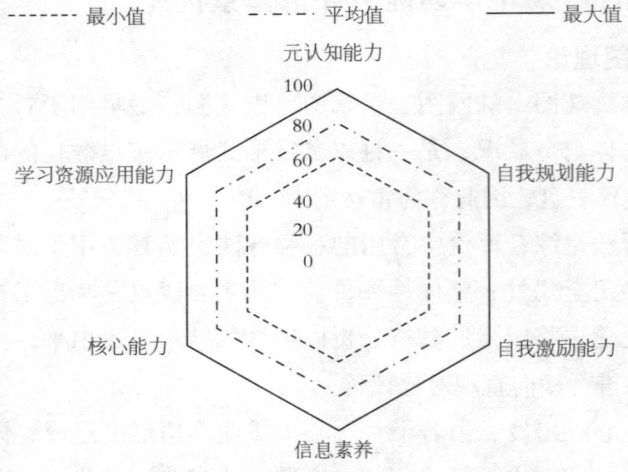

图 4-2　学习能力二级指标得分相同雷达图

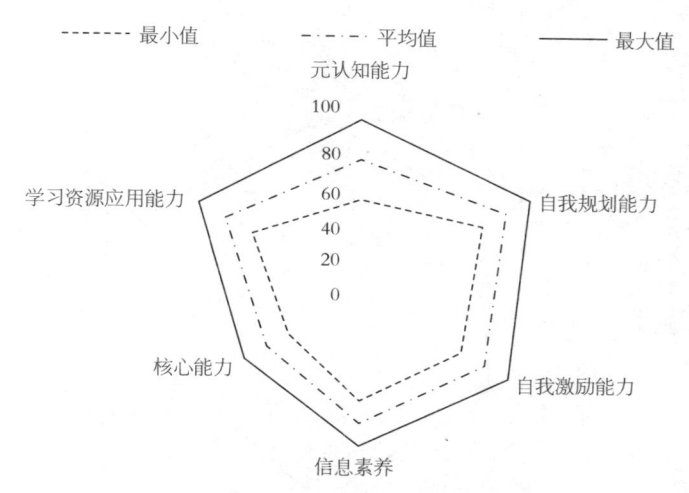

图4-3 学习能力二级指标得分各不相同雷达图

对象的综合水平以及各指标的均衡发展程度,其中,面积S_i为雷达图折线与数轴构成的三角形面积之和,周长C_i为指标各点连线之和。多边形面积和周长的计算过程如公式(4-1)所示。

$$\begin{cases} S_i = \sum_{j=1}^{k} \dfrac{1}{2} n_{ij} n_{i(j+1)} \sin\alpha \\ C_i = \sum_{j=1}^{k} \sqrt{n_{ij}^2 + n_{i(j+1)}^2 - 2n_{ij}n_{i(j+1)}\cos\alpha} \end{cases} \quad (4-1)$$

其中,n_{ij}表示第i个对象第j个评价指标的大小;$\alpha=360/k$,k表示指标个数。

雷达图围成的图形面积越大,说明学生学习能力总体优势越明显;围成的图形面积越小,表明学习能力优势越小。以图4-2为例,根据公式(4-1)计算图中最大值和最小值两个雷达图面积,6个指标最小值均为60分,围成的雷达图面积为9353,6个指标均值值均为80分,围成的雷达图面积为16627,6个指标最大值均为100分,围成的雷达图面积为25980,远远大于最小值围成的雷达图面积,学习能力总体优势明显。

如果雷达图围成的图形面积一定时,多边形周长越小,说明越趋近于正多边形,各指标数值趋于相等,说明各项指标发展均衡;多边形周长越大,说明各指标数值差异性较大,各项指标发展不协调。图4-4给出了面积相同但各指标数值不同两个雷达图,其中,虚线围成的雷达图表示A年级的学习能力,6个指标均为80分,代入公式(4-1)计算,周长为166,各项指标发展均衡,是正

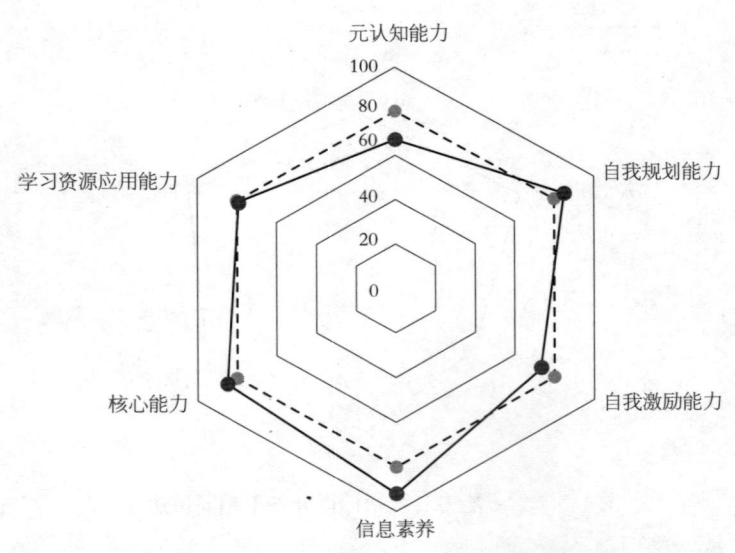

图4-4 面积相同周长不同的雷达图比较

六边形。实线围成的雷达图表示B年级的学习能力，6个指标从67分到92分不等，周长为184，远大于A年级围成的雷达图，说明B年级学生学习能力各项指标分数差异较大，发展不均衡。

三、雷达图视域下学习能力评价应用

本书以山东省某高职院校软件技术专业学生为例，从学习能力增值和学习能力均衡两个维度对不同年级学生的学习能力进行评价，动态观测学生学习能力中各项指标的发展情况，促进学生个性化发展，多样化成才。

（一）学生调研

本次调研的高职院校学生分一年级、二年级、三年级，通过问卷星下发问卷，共回收有效数据568份。用0~100范围内的数字代表学生对某项能力的掌握情况，学生根据给定的赋分标准，对问卷给出的每一个评价指标进行赋分。其中，每个指标的得分分别由一年级、二年级、三年级学生赋值取平均获得。不同年级学生学习能力二级指标得分情况见表4-2。

表4-2 不同年级学生学习能力各项指标得分

二级指标	一年级	二年级	三年级
元认知能力	84.23	90.62	89.35

续表

二级指标	一年级	二年级	三年级
自我规划能力	86.52	89.53	91.55
自我激励能力	85.41	89.97	91.85
信息素养	87.25	90.15	91.15
核心能力	88.55	90.11	91.76
学习资源应用能力	88.25	87.85	89.95

（二）绘制雷达图

构建的高职院校学生学习能力监测指标体系三级指标有20个，不利于用雷达图表示，而一级指标可以由二级指标具体诠释，因此，本书只画出三个年级6个二级指标的雷达图，并根据三级指标的打分情况计算不同年级雷达图的周长和面积。根据调研数据得到高职院校学生学习能力二级指标雷达图如图4-5所示。其中虚线表示一年级数据，点划线表示二年级数据，实线表示三年级数据。

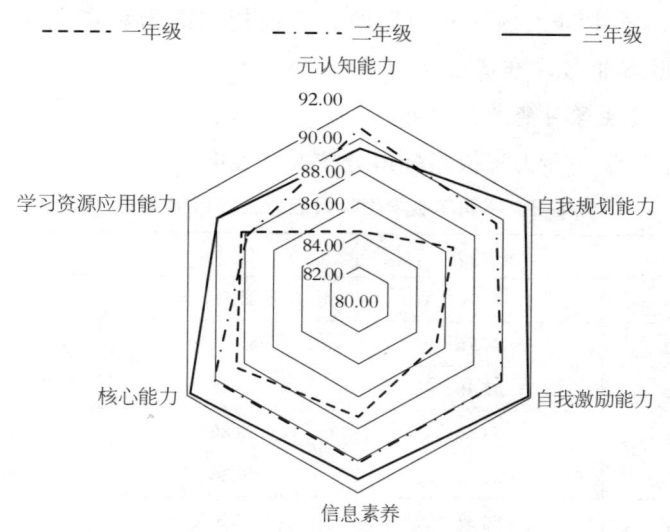

图4-5 不同年级高职学生学习能力二级指标雷达图

（三）数据分析

雷达图数据分析从定性综合评价和量化综合评价两个维度进行，6个二级指标定性分析不同年级学生学习能力的增值情况，20个三级指标定量分析不同年级学生学习能力的均衡情况。

1. 定性分析学生学习能力的增值

从不同年级学生学习能力雷达图分布来看，高职院校学生总体来说学习能力较好，学生的学习能力呈现进步发展的趋势。一年级学生元认知能力、自我规划能力、自我激励能力较弱，这跟高职院校学生生源多元化，发展自信心不足等特质密切相关。二年级、三年级学生各项指标分值均高于一年级，其中，元认知能力、自我规划能力和自我激励能力进步幅度最大，达到6.08%、5.81%和7.54%，说明通过不断学习和锻炼，学生的自主学习能力明显提高；信息素养、核心能力和学习资源应用能力都有不同幅度的增长，但增长幅度不大，说明随着教育信息化的不断推进，学生的资源应用能力基础较好，对信息化和教学的深度融合适应较快。各项指标中，二年级学生学习能力相比一年级学生学习能力增幅幅度较大，说明高职院校学生入校后第一年学习能力进步显著，能很快适应信息化环境下教学模式改革，是学习能力增长的黄金时期；三年级较二年级增幅较小，说明经过一年的学习和锻炼，学生的各项能力逐步趋于稳定，已经完全适应了教学环境和学习条件，各项指标缓慢增长，学生进入顶岗实习阶段，自我规划能力和资源应用能力进步最大，为高质量就业做好准备。

2. 定量分析学生学习能力的均衡

不同年级学生学习能力三级指标得分情况见表4-3。

表4-3 不同年级学生学习能力三级指标得分

三级指标	一年级	二年级	三年级
自我监控能力	81.96	85.16	88.31
自我调节能力	84.76	85.71	90.56
自我评价能力	82.46	88.71	89.86
反思能力	84.86	88.86	91.01
增强自信心	82.71	88.36	92.76
制定学习目标	84.81	88.26	89.51
学习策略	84.56	87.21	88.96
学习责任心	84.51	88.96	88.51
学习动机	84.26	88.56	90.36

续表

三级指标	一年级	二年级	三年级
学习兴趣	85.56	89.21	90.61
自我效能	82.61	88.41	88.66
信息选择能力	83.91	86.26	89.86
信息搜索能力	86.41	85.61	91.36
信息加工能力	84.51	87.91	91.21
知识转化能力	85.56	88.31	89.66
与人合作能力	88.16	90.36	91.86
展示交流能力	85.66	88.01	90.71
课程平台应用能力	85.31	85.36	88.21
信息化设备应用能力	86.01	86.56	89.21
营造信息化环境能力	84.66	86.66	87.06

根据公式（4-1）和表4-3数据，分别计算3个年级学生学习能力雷达图的周长和面积，计算结果比较见表4-4。

表4-4　不同年级学习能力雷达图的周长和面积比较

比较项目	一年级	二年级	三年级
周长	585.37	608.09	623.61
面积	24319.30	26348.25	27684.24

雷达图围成的图形面积主要衡量学生学习能力总体优势，面积越大，优势越明显；雷达图的周长主要衡量影响学习能力各项指标发展的均衡性，如果雷达图围成的图形面积一定，多边形周长越小，说明各项指标发展均衡。

由于三个年级雷达图面积相差较大，因此，要借助于雷达图和周长共同分析学习能力发展均衡性。学习能力三级指标雷达图如图4-6所示，其中虚线表示一年级数据，点划线表示二年级数据，实线表示三年级数据。

从图中可以看出，虽然一年级学习能力雷达图周长最小，但是，各指标之间差异较大，说明学生各项能力发展不均衡；二年级学习能力雷达图周长虽然比一年级增大，但是各项指标值明显增大，且指标之间的差异减小，说明学生各项能力发展逐步均衡；三年级学习能力雷达图周长最大，各项指标值也明显大于一年级和二年级，同时，指标之间的差异更小。说明学生各项能力发展趋于稳定，雷达图近似正二十边形。

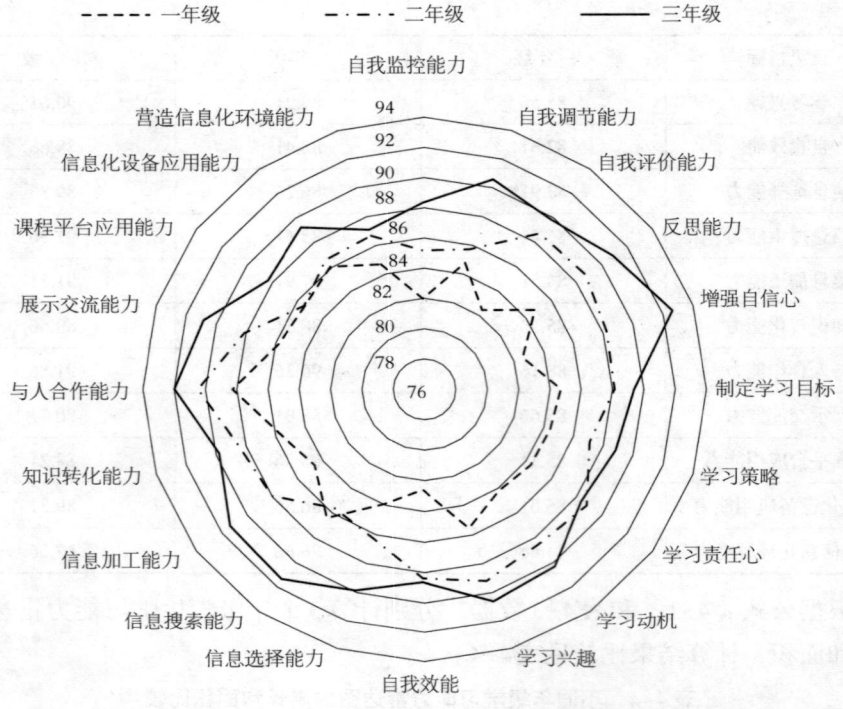

图4-6 不同年级学生学习能力三级指标雷达图

分析3个年级的雷达图面积可知,三年级学生学习能力雷达图面积最大,说明三年级学生整体学习能力最强,其次是二年级和一年级。其中,三年级相对于二年级增幅为5.07%,二年级相对于一年级增幅为8.34%,说明学生在校学习期间,前两年学习能力进步显著,学生自主学习能力、资源应用能力等方面成长轨迹明显,这与高职院校服务人的全面发展、服务就业的人才培养目标吻合。

第三节 基于层次分析法的高职学生学业成就评价

党的十九大报告指出,建设知识型、技能型、创新型劳动者大军,弘扬劳模精神和工匠精神,营造劳动光荣的社会风尚和精益求精的敬业风气。随着我国产业升级和经济结构调整不断加快,各行各业对高素质技术技能人才的需求越来越紧迫。随着高职教育教学改革的不断深入,作为重要环节的学业成就评价也越来越被重视。

一、学业成就评价指标体系构建

学业成就是指个人在学业方面的表现，有专家认为学业成就指在一段时间内经过学习和训练所获得的知识和能力。本书研究的学业成就是高职院校学生通过学校的教学活动或其他学习经历所得到的新知识、新技能以及行为、态度、价值观等方面的改变。目前学者们对学业成就的衡量工具尚未形成统一观点，有学者将学业成就划分为知识视野、专业技能、核心能力和综合能力四个维度进行评价。本书在总结已有学业成就评价理论和实践基础上，利用层次分析法构建指标体系，对学业成就进行定量评价。

（一）高职学生学业成就评价指标体系现状

职业教育与普通教育是两种不同教育类型，在生源结构、人才培养目标、课程体系设置等方面均有较大差别，受传统教育观念等因素影响，现行的学业成就评价指标体系依然存在以下问题。

一是评价指标体系构建缺少科学性。传统的学业成就评价指标体系多以教师自主确定的形式为主，评价指标缺乏科学性、客观性和公正性[16]，评价指标体系的构建缺乏必要的理论指导和依据，各指标权重设置不够科学，缺少必要的量化分析，不利于激发学生的学习动机，难以满足学生就业和终身发展的需要。

二是评价指标的育人目标定位不够准确。新时代对高职院校人才培养的要求已经从"培养数以亿计的工程师、高级技工和高素质职业人才"升级到"高素质技术技能人才"，职业教育为促进经济社会发展和提高国家竞争力提供优质人才资源支撑，就要加大力度培育精益求精的工匠精神，大力培养众多"中国工匠"。传统学业成就评价指标体系在确定评价指标时，育人目标定位不够准确，缺乏评价学生创新精神、工匠精神等方面的指标，导致评价指标体系不够完整，对学生综合素质提高和全面发展起不到良好的促进作用。

三是评价指标难以实现学生个性化成才。考试招生制度改革使高职教育生源结构多样化，特别是2019年政府工作报告提出高职院校扩招100万人，更是对个性化成才提出了新的挑战，倒逼高职教育教学评价体系必须体现个性化特征。传统的评价指标体系忽视学生的发展和进步，用一把尺子衡量学生，对学生个体的纵向发展关注不够，不利于调动学生学习积极性主动性，不能有效发挥学生个体潜能。

（二）学业成就评价指标体系构建原则

高职教育以培养就业能力，促进全面发展为目标，培养服务区域经济发展的大国工匠和能工巧匠。构建适合高职学生发展的学业成就评价指标体系，要把育人性放在首要位置，坚持以学生为中心，体现发展性，注重评价成效，促进高职学生成长成才、提高人才培养质量。

1. 评价指标体系构建要把育人性放在首要位置

高职教育的目标是服务国家重大战略，培养德智体美劳全面发展的社会主义建设者和接班人，因此，高职教育人才培养的各个环节必须坚守育人性原则。在构建学业成就评价指标体系时，要以高职教育育人目标为基本遵循，把立德树人放在首要位置并落到实处，围绕立德树人目标设计评价指标，培养担当民族复兴大任的时代新人。

2. 评价指标体系构建要坚持以学生为中心

以学生为中心是建构主义学习观的思想，倡导在学习过程中充分发挥学生的主动性，体现出学生的首创精神，让学生能根据自身行动的反馈信息形成对客观事物的认识和解决实际问题的方案。高职教育学业成就评价指标体系应以知识建构过程为核心开展评价，鼓励学生积极主动参与到教学评价过程中，立足发展、关注过程，帮助学生树立自信心，使每个学生都能做最好的自己。

3. 评价指标体系构建体现发展性

发展性评价的实质是关注学生的发展、促进学生发展，淡化甄别与选拔功能，激发学生的内在发展动力，促进学生不断发展、进步，实现自身价值。学业成就评价指标体系构建要以促进学生自我成长和全面发展为目的，着眼于学生的学习进步和动态发展。同时，生源结构多元化使学生的文化基础、实践能力、兴趣爱好、个性品质等有很大的差异性，评价指标还需要为学生提供弹性化、差异化的发展空间，强调全面、真实评价全体学生的潜能。

4. 评价指标体系构建注重评价成效

高职教育学业成就评价存在指标体系不够科学、评价信度、效度不高的现象，迫切需要构建科学、客观、可操作性强的评价指标体系。评价指标体系构建要遵循高职教育规律，符合高职学生的特质，评价指标调研范围广，调研数据有代表性，计算量度和计算方法有据可循，数学计算和分析客观合理，评价过程易于完成，评价结果有助于学生成长成才。

（三）高职学生学业成就评价指标体系构建

进行学生学业成就评价，了解学生在完成学习之后，学会与掌握了什么，运用所学能够完成什么，能解决什么问题，哪些能力得到提高等。本书基于育人性、以学生为中心、发展性、注重成效的原则，构建以学生为中心的学业成就评价指标体系，在德尔菲（Delphi）法甄选评价指标的基础上，利用层次分析法确定每个指标的权重。

德尔菲法又叫专家打分法，由专家确定各因素在评价指标体系中的重要程度（极重要、很重要、一般重要、不重要、不必考虑）[17]。在本书的研究中，专家在彼此独自的环境中，对每个评价指标进行打分和排序。通过对各位专家的意见进行统计，形成最终结果，得到最终评价指标。

1. 确定打分专家

本书共确定5个领域38名专家，包括课程专家5人、行业企业专家10人、教学管理者3人、任课教师15人、优秀毕业生5人。

2. 设计学业成就评价指标

高职学生的培养规格由素质、知识、能力三个方面组成。高职学生应具备的素质，一是具有正确的世界观、人生观、价值观，坚决拥护中国共产党的领导，践行社会主义核心价值观，具有深厚的爱国情感、国家认同感、中华民族自豪感，具有社会责任感和参与意识。二是具有良好的职业道德和职业素养，崇德向善、诚实守信、爱岗敬业，具有精益求精的工匠精神；尊重劳动、热爱劳动，具有较强的实践能力，具有质量意识、绿色环保意识、安全意识、信息素养、创新精神，具有较强的集体意识和团队合作精神，能够进行有效的人际沟通和协作，与社会、自然和谐共处。三是具有良好的身心素质和人文素养，具有健康的体魄和心理、健全的人格，具有一定的审美和人文素养，具有良好的生活习惯、行为习惯和自我管理能力。高职学生掌握的知识主要是指公共基础知识和专业知识，能力包括通用能力和专业技术技能。

根据高职教育育人目标，并融入对素质、知识、能力的要求，从培养就业能力和促进全面发展两个维度设计指标，培养就业能力包含专业技能和职业素养两个指标，促进全面发展包含关键能力和核心素养两个指标，得到学业成就评价模型，如图4-7所示。

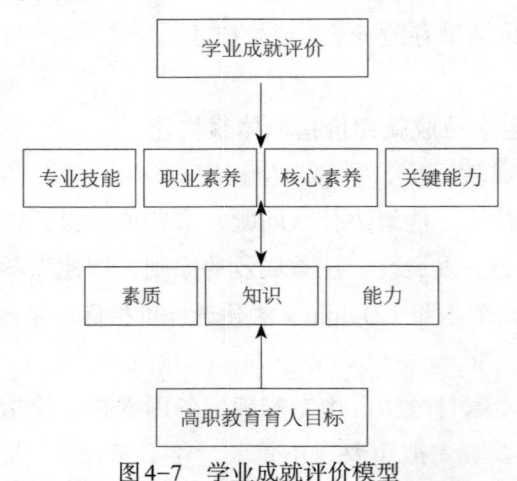

图4-7 学业成就评价模型

专业技能指学生将来就业所需的技术和能力。不同岗位对专业技能有不同要求，因此，专业技能可以从岗位能力和工作质量两个方面进行评价。职业素养是指职业内在的规范和要求，是在职业过程中表现出来的综合品质。职业素养可以从质量意识、敬业精神、团队精神三个方面进行评价。

关键能力也称为职业核心能力，是具体的专业知识和专业技能以外的能力。关键能力可以从学习能力、创新能力、合作能力三个方面进行评价。核心素养是学生在接受相应学段的教育过程中，逐步形成的适应个人终身发展和社会发展需要的必备品格和关键能力。核心素养是所有学生最关键的、最必要的基础素养。核心素养可以从认知性素养和非认知性素养两个方面进行评价。

通过对课程专家、行业企业专家、任课教师、教学管理者、优秀毕业生的调研，对以上指标进行进一步分解。将岗位能力分为专业基础知识等7个观测点，工作质量分为工作质量达标等7个观测点，质量意识分为安全意识等6个观测点，敬业精神分为岗位责任感等5个观测点，团队精神分为集体观念等6个观测点，学习能力分为自我学习能力等4个观测点，创新能力分为解决问题能力等2个观测点，合作能力分为与人交流能力等2个观测点，认知性素养分为爱国主义等8个观测点，非认知性素养分为自我管理等6个观测点。

据此，以育人为目标的实践教学评价体系可由67个指标构成，其中，一级指标4个，二级指标10个，三级指标53个，并以问卷的形成发放给专家。

3. 专家赋分

用 0~9 范围内的数字代表该指标在评价体系中的重要程度，专家根据给定的赋分标准，对问卷给出的每一个评价指标进行赋分。根据专家的赋分结果，计算每个指标因素的均值 μ_i 和方差 σ_i^2。均值即一组数据的平均值。方差是用来描述一组数据的波动大小，方差越大，数据波动越大，表明专家的意见越不集中；方差越小，数据波动越小，表明专家的意见越集中。

4. 指标筛选

根据计算得到的每个指标的均值和方差，选取合适的阈值 T_1 和 T_2，确定构建学业成就评价体系的有效指标。要求每个指标的平均值大于或等于 T_1，确保该指标的重要性；每个指标的方差小于或等于 T_2，确保专家意见的一致性。

将所有指标中，均值 $\mu_i \geq T_1$ 且方差 $\sigma_i^2 \leq T_2$ 的指标筛选出来作为有效指标，确定出用于构建学业成就评价体系的 54 个指标，如图 4-8 所示。

二、基于层次分析法的学业成就评价体系构建

层次分析（AHP）法是美国著名运筹学家萨蒂首先引入评价领域以解决权重确定问题。通过将层次元素的重要性两两比较进行定量描述，计算判断矩阵相对重要性的权值，并进行排序和一致性检验，增强学业成就评价的科学性和有效性。

（一）建立指标体系层次结构

构建发展性学业成就评价指标体系从培养就业能力和促进全面发展两个维度，将专业技能、职业素养、关键能力、核心素养等 4 个指标定义为一级指标；岗位能力、工作质量、质量意识、敬业精神、团队精神、学习能力、创新能力、合作能力、认知性素养、非认知性素养等 10 个指标确定为二级指标。与二级指标分别对应的 40 个指标作为三级指标，构建系统结构层次图，如图 4-8 所示。

（二）构建判断矩阵

根据萨蒂的 9 级计分法对不同评价指标进行两两比较，构建判断矩阵。其中，判断矩阵标度的含义见表 4-5。

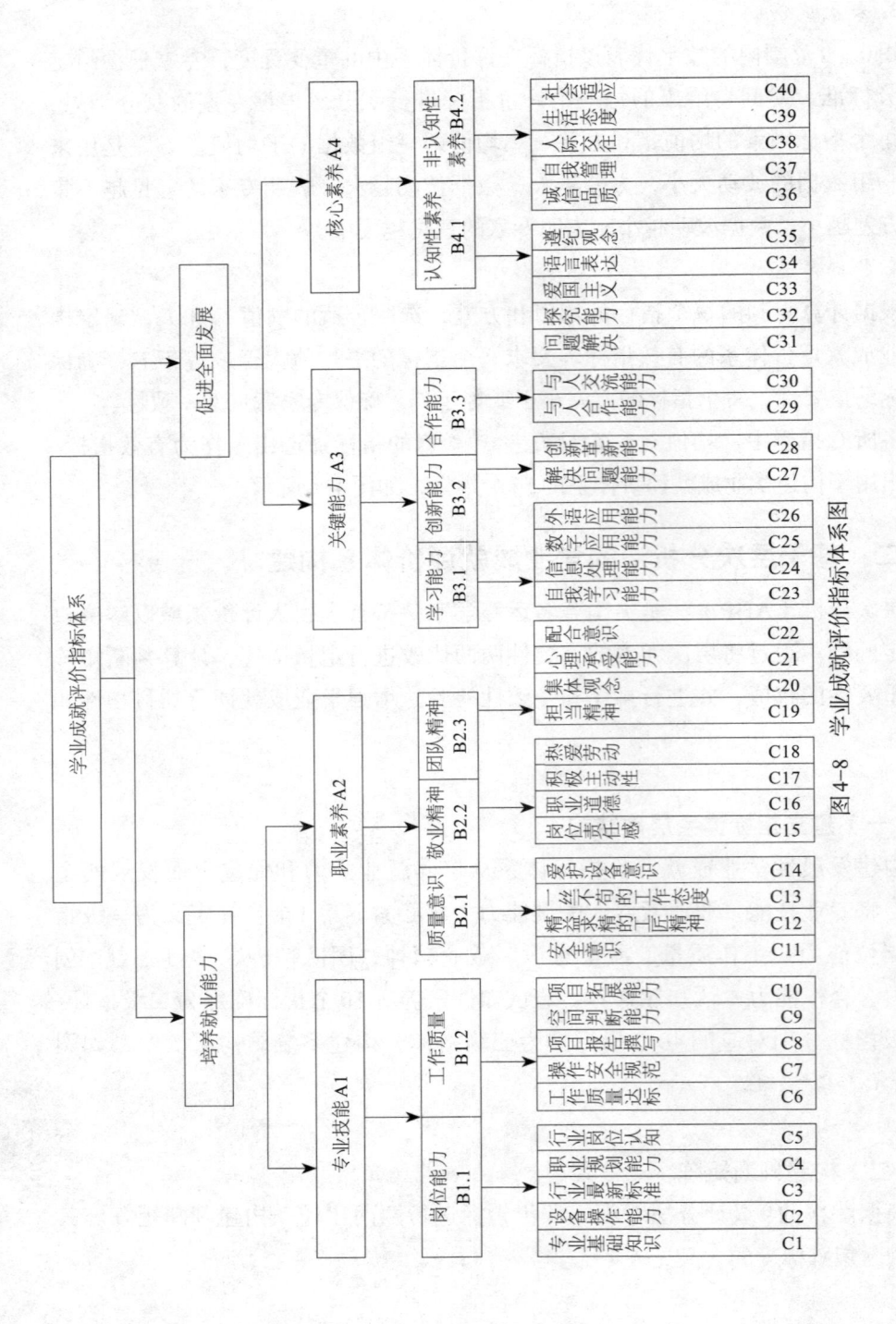

图 4-8 学业成就评价指标体系图

表4-5 判断矩阵标度的含义

标度值	具体含义内容
$d_{ij}=1$	元素 i 与元素 j 对上一层具有相同重要性
$d_{ij}=3$	元素 i 与元素 j 相比略为重要
$d_{ij}=5$	元素 i 与元素 j 相比明显重要
$d_{ij}=7$	元素 i 与元素 j 相比强烈重要
$d_{ij}=9$	元素 i 与元素 j 相比极其重要
$d_{ij}=2,4,6,8$	元素 i 与元素 j 相比重要性介于上述相邻判断的中间值
$d_{ij}=1,1/2,\cdots,1/9$	若元素 i 与元素 j 的重要性之比为 d_{ij}，则元素 j 与元素 i 的重要性之比为 $1/d_{ij}$

构建的一级指标矩阵 A 为：

$$A=\begin{bmatrix} 1 & 2 & 3.3 & 4.3 \\ 0.5 & 1 & 2.4 & 3.6 \\ 0.3 & 0.42 & 1 & 1.3 \\ 0.23 & 0.28 & 0.77 & 1 \end{bmatrix}$$

构建的4个二级指标矩阵 $B_1 \sim B_4$ 分别为：

$$B_1=\begin{bmatrix} 1 & 2.5 \\ 0.4 & 1 \end{bmatrix} \quad B_2=\begin{bmatrix} 1 & 1.5 & 2 \\ 0.67 & 1 & 1.5 \\ 0.5 & 0.67 & 1 \end{bmatrix}$$

$$B_3=\begin{bmatrix} 1 & 3 & 3.5 \\ 0.3 & 1 & 1.5 \\ 0.29 & 0.67 & 1 \end{bmatrix} \quad B_4=\begin{bmatrix} 1 & 2.72 \\ 0.37 & 1 \end{bmatrix}$$

构建的10个三级指标矩阵 $C_1 \sim C_{10}$ 分别为：

$$C_1=\begin{bmatrix} 1 & 2 & 2.5 & 2.9 & 3 \\ 0.5 & 1 & 1.6 & 2 & 2.1 \\ 0.4 & 0.63 & 1 & 1.4 & 1.6 \\ 0.34 & 0.5 & 0.71 & 1 & 1.1 \\ 0.33 & 0.48 & 0.63 & 0.91 & 1 \end{bmatrix}$$

$$C_2 = \begin{bmatrix} 1 & 1.1 & 2.8 & 2.8 & 2.9 \\ 0.91 & 1 & 2.7 & 2.7 & 2.8 \\ 0.4 & 0.37 & 1 & 1 & 2.5 \\ 0.36 & 0.37 & 1 & 1 & 1.1 \\ 0.34 & 0.36 & 0.4 & 0.91 & 1 \end{bmatrix}$$

$$C_3 = \begin{bmatrix} 1 & 1.1 & 1.3 & 2.1 \\ 0.91 & 1 & 1.1 & 2 \\ 0.75 & 0.91 & 1 & 1.9 \\ 0.48 & 0.5 & 0.53 & 1 \end{bmatrix}$$

$$C_4 = \begin{bmatrix} 1 & 1.4 & 1.8 & 2.2 \\ 0.71 & 1 & 1.4 & 1.8 \\ 0.56 & 0.71 & 1 & 1.4 \\ 0.45 & 0.56 & 0.71 & 1 \end{bmatrix}$$

$$C_5 = \begin{bmatrix} 1 & 1.4 & 1.5 & 1.5 \\ 0.71 & 1 & 1.1 & 1.1 \\ 0.67 & 0.91 & 1 & 1 \\ 0.67 & 0.91 & 1 & 1 \end{bmatrix}$$

$$C_6 = \begin{bmatrix} 1 & 1.7 & 2.2 & 4.2 \\ 0.59 & 1 & 1.5 & 3.6 \\ 0.45 & 0.67 & 1 & 3.2 \\ 0.24 & 0.28 & 0.31 & 1 \end{bmatrix}$$

$$C_7 = \begin{bmatrix} 1 & 1.3 \\ 0.77 & 1 \end{bmatrix} \qquad C_8 = \begin{bmatrix} 1 & 1.1 \\ 0.91 & 1 \end{bmatrix}$$

$$C_9 = \begin{bmatrix} 1 & 1.1 & 1.8 & 2.1 & 2.2 \\ 0.91 & 1 & 1.7 & 1.9 & 2.1 \\ 0.56 & 0.59 & 1 & 1.3 & 1.4 \\ 0.48 & 0.53 & 0.77 & 1 & 1.1 \\ 0.45 & 0.48 & 0.71 & 0.91 & 1 \end{bmatrix}$$

$$C_{10} = \begin{bmatrix} 1 & 1.1 & 2.3 & 2.3 & 2.5 \\ 0.91 & 1 & 2.2 & 2.2 & 2.4 \\ 0.43 & 0.45 & 1 & 1 & 1.3 \\ 0.43 & 0.45 & 1 & 1 & 1.3 \\ 0.4 & 0.42 & 0.77 & 0.77 & 1 \end{bmatrix}$$

（三）计算各级指标的权重系数

首先将判断矩阵的每一个元素按列进行归一化，得到归一化矩阵，如公式（4-2）所示：

$$a'_{ij} = \frac{a_{ij}}{\sum_{j=1}^{n} a_{ij}} \quad i, j = 1, 2, \cdots n \tag{4-2}$$

然后，将归一化后的判断矩阵按行相加得到向量 W，如公式（4-3）所示：

$$W_i = \sum_{i=1}^{n} a'_{ij} \quad i = 1, 2, \cdots n \tag{4-3}$$

再将向量 W 做归一化处理，如公式（4-4）所示：

$$W'_i = \frac{W_i}{\sum_{i=1}^{n} W_i} \quad i = 1, 2, \cdots n \tag{4-4}$$

归一化后的向量 W' 即为所求的各指标的权重系数。

根据上述计算步骤，首先，求出4个一级指标的权重系数；其次，分别求出隶属于一级指标的10个二级指标的权重系数；最后，求出隶属于二级指标的40个三级指标的权重系数。对各级权重系数进行三连乘，得到各观测点的总权重系数，其和为1。

（四）一致性检验

为确认判断矩阵的权重分配是否合理，还需要进行一致性检验，矩阵的一致性检验根据一致性指标比率 CR 进行判断。

1. 计算矩阵的最大特征根

$$\lambda_{\max} = \sum_{i=1}^{n} \frac{(AW')}{nW'} \quad i = 1, 2, \cdots n \qquad （4-5）$$

其中，A 为判断矩阵，W' 为归一化后的向量，n 为矩阵的阶数。

2. 计算一致性指标

$$CI = \frac{\lambda_{\max} - n}{n - 1} \qquad （4-6）$$

一致性 CI 指标的值越小，判断矩阵偏离一致性的程度越小。

3. 计算出一致性指标比率

$$CR = \frac{CI}{RI} \qquad （4-7）$$

其中，RI 为平均随机一致性指标，不同阶数矩阵的 RI 可由表4-6给出。

表4-6　不同阶数矩阵的平均随机一致性指标

n	1	2	3	4	5	6	7	8	9	10	11
RI	0	0	0.58	0.9	1.12	1.24	1.32	1.41	1.45	1.49	1.51

由表4-6可以看出，当矩阵阶数 $n<3$ 时，判断矩阵具备完全一致性。$n \geq 3$ 时，需要根据一致性指标比率 CR 进行校验。当 $CR<0.10$ 时，满足一致性校验，当 $CR>0.10$，需要重新调整判断矩阵，直至满足一致性条件。

根据上述计算步骤对15个判断矩阵进行一致性检验，得到的一致性指标比率分别为：

$CR_1=0.001$，$CR_2=0$，$CR_3=0.0041$，$CR_4=0.00086$，$CR_5=0$，$CR_6=0.0037$，$CR_7=0.031$，$CR_8=0.019$，$CR_9=0.00074$，$CR_{10}=0.00037$，$CR_{11}=0.00033$，$CR_{12}=0$，$CR_{13}=0$，$CR_{14}=0.0019$，$CR_{15}=0.011$。均满足 $CR<0.01$，即判断矩阵具有满意的一致性。

经过一致性检验后，一级指标、二级指标和三级指标的权重见表4-7。

表 4-7 各级指标的权重

两个维度	一级指标 A（4个）	权重	二级指标 B（10个）	权重	三级指标 C（40个）	权重	总权重
培养就业能力	A1 专业技能	0.47	B1.1 岗位能力	0.71	1 专业基础知识	0.38	0.1268
					2 设备操作能力	0.23	0.0768
					3 行业最新标准	0.16	0.0534
					4 职业规划能力	0.12	0.0400
					5 行业岗位认知	0.11	0.0367
			B1.2 工作质量	0.29	1 工作质量达标	0.32	0.0436
					2 操作安全规范	0.30	0.0409
					3 项目报告撰写	0.16	0.0218
					4 空间判断能力	0.13	0.0177
					5 项目拓展能力	0.09	0.0123
	A2 职业素养	0.10	B2.1 质量意识	0.46	1 安全意识	0.31	0.0143
					2 精益求精的工匠精神	0.28	0.0129
					3 一丝不苟的工作态度	0.27	0.0124
					4 爱护设备意识	0.14	0.0064
			B2.2 敬业精神	0.32	1 岗位责任感	0.37	0.0118
					2 职业道德	0.27	0.0086
					3 积极主动性	0.21	0.0067
					4 热爱劳动	0.15	0.0048
			B2.3 团队精神	0.22	1 担当精神	0.33	0.0073
					2 集体观念	0.23	0.0051
					3 心理承受能力	0.22	0.0048
					4 配合意识	0.22	0.0048

续表

两个维度	一级指标 A（4个）	权重	二级指标 B（10个）	权重	三级指标 C（40个）	权重	总权重
促进全面发展	A3 关键能力	0.30	B3.1 学习能力	0.62	1 自我学习能力	0.43	0.0800
					2 信息处理能力	0.28	0.0521
					2 数字应用能力	0.21	0.0391
					4 外语应用能力	0.08	0.0149
			B3.2 创新能力	0.22	1 解决问题能力	0.57	0.0376
					2 创新革新能力	0.43	0.0284
			B3.3 合作能力	0.16	1 与人合作能力	0.52	0.0250
					2 与人交流能力	0.48	0.0230
	A4 核心素养	0.13	B4.1 认知性素养	0.73	1 问题解决	0.29	0.0275
					2 探究能力	0.27	0.0256
					3 爱国主义	0.17	0.0161
					4 语言表达	0.14	0.0133
					5 遵纪观念	0.13	0.0123
			B4.2 非认知性素养	0.27	1 诚信品质	0.30	0.0105
					2 自我管理	0.27	0.0095
					3 人际交往	0.16	0.0056
					4 生活态度	0.16	0.0056
					5 社会适应	0.11	0.0039

（五）评价体系分析

构建学业成就评价体系，指标的选取和指标权重的确定是关键。德尔菲调查法根据特定领域专家的直接经验，对研究问题进行判断，能将专家的经验进行量化，是一种定性和定量相结合的分析方法，确定的指标具有客观性和代表性。为各评价指标赋予权重是评价指标体系构建的重要组成部分，每个指标的权重系数代表了该指标在评价体系中的相对重要程度，运用层次分析法确定指标权重系数，使指标体系更加科学化，同时，量化的指标能够增强评价体系的可操作性。尽管高职院校各专业具有多样性，但其基本属性是相同的，因此，该评价指标体系具有普适性。

1. 指标选取分析

一是指标体系评价主体多元，形成多方参与的格局。参与调研的38名专家中，包括来自不同地域的课程专家、行业企业专家、教学管理者、任课教师和毕业生，数据具有广泛性和代表性，从评价指标体系构建的源头体现了评价主体的多元化，凸显了企业的育人主体地位。

二是指标体系评价内容全面，体现高职育人目标。评价指标体系从培养就业能力和促进全面发展两个维度，专业技能、职业素养、关键能力、核心素养四个大方面体现高职育人目标，评价体系以立德树人为根本任务，重视职业核心能力的评价，将职业素养贯穿整个评价过程，评价内容全面。

三是指标体系关注个体差异，促进学生全面发展。评价体系的三级指标中，职业规划能力、项目拓展能力、自我学习能力、解决问题能力、创新革新能力、探究能力等指标较好体现了高职学生个体差异化特征，关注学生成长过程中的增量变化，有利于促进学生个性发展和全面发展。

四是指标体系注重能力培养，引导开展多样化评价。构建的评价指标体系中能力指标达到12个，包括设备操作能力、操作安全规范、信息处理能力、数字应用能力、与人合作能力、与人交流能力等观测点，充分体现了高职教育培养学生职业技能、职业素养和职业道德的目标，有助于采用多样化的评价方法，实现以学生为中心，注重能力培养的学业成就评价。

2. 指标权重分析

从一级指标权重分析看，专业技能权重为0.47，关键能力指标权重为0.3，核心素养指标权重为0.13，职业素养指标权重为0.1，后三项指标权重和为0.53，超过评价指标整体权重的一半。说明在学业成就评价中，专业技能培养放在首要位置，同时，职业院校和企业越来越重视学生关键能力即职业核心能力的培养，核心素养和职业素养也逐渐引起重视，这与我国现代职业教育体系提高学生职业技能和培养职业精神高度融合，促进就业创业，促进全面发展，落实立德树人根本目标相吻合。

从三级指标各个观测点的权重分析来看，40个三级指标影响力较大的前10项指标如图4-9所示，其中，横纹方柱代表隶属于专业技能的观测点，纯色方柱代表隶属于关键能力的观测点，10个指标占总权重的59.1%。

专业基础知识、设备操作能力、行业最新标准、职业规划能力、工作质量达标和操作安全规范6个指标属于专业技能范畴，权重总和为0.382；自我学习能力、信息处理能力、数字应用能力、解决问题能力4个指标属于关键能力，权重总和为0.209，说明在学业成就评价中，对学生职业技能和关键能力的评价得到格外重视。专业基础知识、自我学习能力和设备操作能力排在前三位，强调了知识和动手能力的重要性，符合高职院校培养"具有熟练的职业技能和扎实、系统的专业知识"的人才培养目标。同时，自我学习能力的培养为学生的可持续发展打下良好基础，顺应高职教育"注重学生文化素质、科学素养、综合职业能力和可持续发展能力培养，为学生实现更高质量就业和职业生涯更好发展奠定基础"的育人目标。

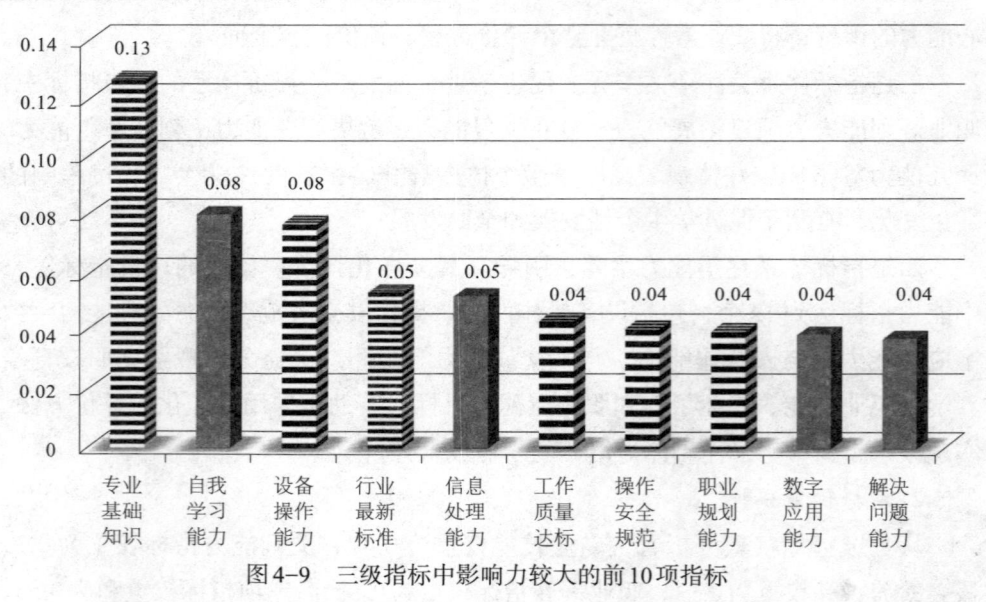

图4-9 三级指标中影响力较大的前10项指标

三、基于层次分析法的学业成就评价应用

本书以山东省某高职院校计算机多媒体技术专业学生为例，从培养就业能力和促进全面发展两个维度，对"数字图形图像处理"课程的学业成就进行评价。

学业成就评价可以由教师评价、学生自评、学生互评、企业专家评价等组成。各评价主体分别赋分，根据不同的权重求和得到学生的学业成就分值，评价表见表4-8。

表4-8 "数字图形图像处理"课程学业成就评价表

学生姓名：李平　　　　　　专业：计算机多媒体技术　　　　　　班级：2019-1

维度	一级指标	二级指标	三级指标	权重	指标赋分	指标得分
培养就业能力	专业技能	岗位能力	1. 专业基础知识	0.13	90	11.413
			2. 设备操作能力	0.08	76	5.8331
			3. 行业最新标准	0.05	82	4.3781
			4. 职业规划能力	0.04	89	3.5639
			5. 行业岗位认知	0.04	75	2.753
		工作质量	1. 工作质量达标	0.04	85	3.7074
			2. 操作安全规范	0.04	80	3.2712
			3. 项目报告撰写	0.02	74	1.6138
			4. 空间判断能力	0.02	70	1.2403
			5. 项目拓展能力	0.01	90	1.104
	职业素养	质量意识	1. 安全意识	0.01	92	1.3119
			2. 精益求精的工匠精神	0.01	95	1.2236
			3. 一丝不苟的工作态度	0.01	95	1.1799
			4. 爱护设备意识	0.01	93	0.5989
		敬业精神	1. 岗位责任感	0.01	88	1.0419
			2. 职业道德	0.01	91	0.7862
			3. 积极主动性	0.01	82	0.551
			4. 热爱劳动	0.00	90	0.432
		团队精神	1. 担当精神	0.01	78	0.5663
			2. 集体观念	0.01	86	0.4352
			3. 心理承受能力	0.00	70	0.3388
			4. 配合意识	0.00	72	0.3485

续表

维度	一级指标	二级指标	三级指标	权重	指标赋分	指标得分
促进全面发展	关键能力	学习能力	1. 自我学习能力	0.08	88	7.0382
			2. 信息处理能力	0.05	80	4.1664
			3. 数字应用能力	0.04	81	3.1639
			4. 外语应用能力	0.01	70	1.0416
		创新能力	1. 解决问题能力	0.04	68	2.5582
			2. 创新革新能力	0.03	85	2.4123
		合作能力	1. 与人合作能力	0.02	83	2.0717
			2. 与人交流能力	0.02	81	1.8662
	核心素养	认知性素养	1. 问题解决	0.03	72	1.9815
			2. 探究能力	0.03	70	1.7936
			3. 爱国主义	0.02	90	1.452
			4. 语言表达	0.01	76	1.0097
			5. 遵纪观念	0.01	90	1.1103
		非认知性素养	1. 诚信品质	0.01	91	0.9582
			2. 自我管理	0.01	87	0.8245
			3. 人际交往	0.01	80	0.4493
			4. 生活态度	0.01	90	0.5054
			5. 社会适应	0	74	0.2857
综合得分						82.4

第三篇

设计实施

第五章 即时性评价的设计与实施

即时性评价是对教学过程中学生具体的、情境性的当时行为的评价，对学生在教学过程中的学习态度、方法、过程、效果等方面进行的适当鼓励或引导，同时为学生提供学习情况的信息。在实际操作过程中，学生在和教师互动后，能得到教师的评价，但是教师评价的意图往往是肯定或纠正学生的答案。即时性评价应贯穿于课堂过程的始终，并不断修正、改进教学过程，促进教师的专业发展，提升学生的学业成就，培养学生的综合素养。

第一节 即时性评价的设计要素

即时性评价汲取了增值性评价的取向，强调为学生的学业进步和提升素养而评，并充分考虑学生原有的基础，观察学生在一段时间内的发展变化。本节以课堂即时性评价为例，阐述评价的设计与实施。课堂教学要充分发挥学生的主体作用，教师是学习过程的设计者和指导者，教师和学生都是课堂学习成效的评价者和参与者。课堂即时性评价既是一种生成性评价，也是一种质性评价，更是一种非正式性评价，是贯穿于教学活动始终的评价方法，对适时调整课堂教学和学生的差异性成长具有重要意义。即时性评价的设计要注重评价前观察与倾听，评价时语言丰实贴切，评价反馈及时具体，评价结果反思与提高。

一、评价前观察与倾听

教师对学生展开评价的首要前提是掌握学生的相关信息，深入了解学生的学习基础、学习习惯、基本素养等，在此基础上，对学生做出科学的、符合学生实际状况的评价。

观察是教师收集学生信息的重要途径之一，有效的观察要求教师能实时捕捉反映学生问题的典型行为，能从学生的学习过程中获取到学生知识的进步、技能的积累和素质的提高。

倾听是教师做出评价前收集学生有效信息的必要准备，教师在倾听学生表述学习过程中的认知情况、完成学习任务的思路、表达出来的世界观、价值观等信息，评价学生的表现，肯定取得的成就，并给出恰当的建议。

二、评价时语言真实贴切

课堂即时性评价语言是教师与学生之间良好互动的有效载体，传达了师生双方的思维动态，是学生学习状况的直观反映，也是教师教育评价能力的重要表现，对提高课堂教学成效有积极的促进意义。

从内容上来看，课堂即时性评价的内容覆盖面要广，包括学生的知、情、意、行等方面的信息；从评价的意义来看，评价语言不仅要判断学生当前的表现，还要能改进学生在将来类似情境中的表现。即时性评价要摒弃程式化的评价语言，力求表达真实、贴切，尊重学生的个性化发展。

三、评价反馈及时具体

课堂即时性评价与传统评价不同，它摒弃了评价的甄别功能，通过教师对学生学习过程的及时反馈，激发学生的学习动机和学习积极性，改善学习成效，对教师和学生的成长发展都有深远的意义。

课堂即时性评价是教师对学生学习表现的反馈行为，及时、具体的反馈对学生的学习具有很大的帮助作用，反馈可以提高学生的动机水平，反馈信息的精细化程度也将影响学生的自我效能水平。同时，及时的反馈能及时发现、纠正学习过程中出现的问题，从而让学生少走弯路，增强学习自信心。

四、评价结果反思与提高

由于教学是一个连续的整体，学生的发展也是一个循序渐进的过程，因此，教师在设计即时性评价时应充分考虑评价结果如何为教学服务，如何为学生发展服务。一方面在横向上促进学生整体学业成长，另一方面在纵向上体现学生个体前后学习进步。教师还要引导学生做好评价的反思，形成教与学—即时性评价—反思课堂—利用评价结果改进教学的良性循环。

第二节　即时性评价实施策略

即时性评价是对教学过程中学生具体行为的即时评价，它通常蕴含于课堂教学活动过程中，实现对学生润物无声的影响，从而对学生的学习效果产生积极作用。

一、营造和谐、民主的课堂教学氛围

和谐、民主的课堂教学氛围能给学生一种宽松的感觉和体验，有利于课堂评价信息的畅通，有利于发挥学生的积极思维，吸引学生参与到学习和评价的全过程。教师在教学活动中，要以发展性理论为指导，赏识每一位学生，发现每一位学生的闪光点。同时，评价要面向全体学生，不忽略任何一个学生的进步。教师在课堂中，要采用平等、民主的对话方式与学生交流互动，激发学生参与活动的热情，鼓励学生完成学习任务，要把握好语气、表情、态度等，巧妙地运动体态语言表达自己，用一个鼓励的眼神、一个关切的微笑、一句激励的话语等，给每位学生足够的发展空间，让他们在信任和自信中进步和发展。

二、适当预设课堂学习评价环节

为使即时性教学评价达到促进学生发展的预期效果，教师在进行教学设计时，要设计好学生的学习任务，给予学生表现的机会，让学生参与其中，特别是思维的参与。要根据学生的知识与能力水平、学习特征、学习重点与难点等，对教与学过程中可能出现的评价点进行适当的设计与规划，既要关注学习内容，也要关注学习过程和学习态度。同时，由于学生的差异以及课堂教学的情境性特征，会出现预设内容以外的"意外"，尤其是专业课程的学习，包含了知识、技能、素养的综合评价，当小组合作完成学习任务后，教师不仅要对学习任务的质量进行评价，还要对学生的态度、素养及过程进行评价。

三、评价贯穿课堂教学全过程

即时性评价通常是在学习活动的进行过程中产生的，是教学活动的一部分，因此，要自然地贯穿于课堂教学全过程，不要过分占用时间进行单独评价，而是要注重评价和教学活动自然融合，成为一体。这样的学习和评价方式不但能促进高职学生学业进步，更有利于促进其情感、态度、价值、创新意识、职业素养等多方面的发展，为学生高质量就业打好基础。

四、发挥学生的评价主体作用

在即时性评价中，学生不仅是评价对象，同时又是评价的主体和信息资源。

因此，课堂教学过程中，教师要充分发挥评价的激励作用，引导学生积极参与评价，评价自己，评价他人，将教学活动和评价活动变成学生的自主活动。教师在教学活动中作为一个设计者和组织者，让学生在自我评价和互相评价中学会思考、学会倾听，激发学习的内生动力，不断提高学习能力。

五、评价关注和尊重个体差异

每个高职学生都是一个独立的学习个体，其学习基础、学习能力、学习习惯等各不相同。要使即时性评价真正促进每个学生发展，就必须熟悉每个学生的学习背景，正确预测每个学生的需求和发展潜力，并在课堂教学过程中，帮助每个学生诊断出发展方向和发展轨迹。教师实施即时性评价时，在观察每个学生的课堂表现及知识、能力、素质进步的基础上，尊重个体差异，根据每个学生的特长和优势，给出有针对性的建议和评价，促进每个学生成长成才。

六、清晰准确地表达评价意图

课堂教学中，教师实施即时性评价时的语言、身体语言等要起到启发学生思考，引导学生进步的作用，因此，评价的意图必须要清晰准确地表达出来，对学生在学习知识、锻炼技能、素质养成过程中出现的问题，要正确评价和引导，并及时做出总结，帮助学生客观认识到存在的问题，选择适合的进步路径，明确努力的方向。

第三节　即时性评价案例

本节以某高职院校播音与主持专业"普通话语音学"课程为例，详细分析即时性评价设计和实施过程。

一、课程说明

（一）课程的性质与任务

"普通话语音学"是播音与主持专业的专业基础课，是后续专业课的基础，该课程要求理论和技能培养相结合，主要培养学生运用发音方法与技巧，熟练掌握普通话语音的正确发音部位，切实提高学生准确、规范地使用普通话的实际应用能力，具备方音矫正的能力。实训课进行有效的普通话语音训练。在制作毕业作品、取得普通话水平等级证书中起到重要作用。

（二）教学形式与内容

课程主要教学形式采用理论课程讲授+实践小课训练。

1. 理论大课

理论大课共12个课时，主要系统讲授普通话语音知识，着重训练学生的普通话发声基本技能，使学生了解辅音和声母、元音和韵母的发音部位、方法及发音要领；四个声调的调类、调值的实际发音技巧；语流音变的规律。

2. 实训小课

实训小课共60个课时，安排在理论课程结束后。学生分为多个实训小组，每组10～15名学生，由专业实训教师根据每个学生的具体情况，有针对性地进行指导训练。实训课程设计不同的学习任务情境：以提高发音的正确性和准确性为基点，以声母、韵母及声调训练为领帅，辅之以大量单字、双音节词、三音节词、四音节词以及古诗词或者新闻和文学体裁的稿件训练，着重训练学生的普通话语音发声基本技能。

二、即时性评价设计

以鼻音韵母训练任务为例，课前，教师通过课程平台下发本节实训课的学习任务，要求学生提前预习，掌握鼻音韵母的发音特点以及在发音过程中出现问题的解决方法。课中，学生逐个进行发音训练，根据学生的发音进行评价，使学生更好地认识自己的发音问题，提高矫正发音问题的能力。课后，学生将训练的音频上传课程学习平台，完成学生互评。

（一）学生自我评价

学生发音训练完毕，教师会根据学生发音存在的问题引导学生进行自我评价，真实地认识到自己所存在的问题。

（二）学生相互评价

由小组其他同学进行评价，播音是口耳之学，学生在练习的过程中，学生之间相互评价不仅有助于学生自己发好每一个音，更重要的是能够辨别什么样的发音是准确的，在评价其他同学发音的同时，对自己也是一次学习和提升。

（三）教师评价

教师根据学生的发音训练以及学生的自评和互评进行综合评价，结合理论知识，指出学生存在的共性与个性的问题，并进行正确的示范和错误的示范，使学生再次巩固发音方法及要领，在认识自己语音问题的同时，帮助其他同学提出正确的解决方法。

三、即时性评价实施

实践课程的教学过程中，首先教师介绍本次实训课程的学习任务和目标，然后，学生根据课前准备情况进行语音训练。展示完毕后，学生根据自己的训练情况，进行自我评价、同学互评和教师评价。

（一）自我评价环节

自我评价的环节是学生自我反思的过程，课上的训练内容要求学生在课前必须提前预习准备。学生在课下的训练过程中会发现自己发音过程中存在的细节问题。以鼻韵母的发音为例，学生在自我评价时指出自己的优缺点，如图5-1所示，在单发一个音节时，没有太大的语音问题，也能将发音的部位方法以及可能出现的问题

图5-1 学生在课上进行自我评价

用理论讲清楚，但是在进入稿件的播读、节目的主持或者日常与人交流时，还会流露出方言的问题。学生在自我评价的过程就会积极主动地思考问题，并通过自我分析、小组讨论、请教教师等方式解决问题。

（二）同学互评环节

学生自评结束后，进入小组互评环节，如图5-2所示。同学们的注意力集中在听辨其他同学的发音以及自评的内容，并在第一时间做出评判，增强学生在课堂学习中的参与性与互动性，并通过互评发现自身存在的共同问题。在同学互评的环节过程中，由于受地方方言影响，同学之间在训练过程中会产生共鸣，比如对于鼻韵母的发音问题，同处于相同方言区的同学会达成共识，鼻韵母在发音过程中不能丢掉鼻韵尾，更不能把鼻尾音直接发成鼻化元音。采用即

时性的评价在教学过程中对于一些共性的问题会一目了然，远比教师单纯的说教让学生印象更加深刻。

（三）教师评价

教师根据学生的作业情况、结合学生的自评和同学们的互评，引导学生就出现的问题共同讨论，进行正确的示范指导，用理论知识或案例教学解决学生的问题，如图5-3所示。

图5-2 学生进行相互评价讨论

发音部位的概念是重点和难点，学生们普遍感到比较抽象。通过小组之间实时评价讨论，将切实可行的案例应用在实际发音中，将生僻模糊的专业概念或者复杂烦琐的程序，用自我真实的训练经历描述出来，帮助学生更好地掌握发音方法和发音规律。

图5-3 教师进行综合评价

四、生成评价结论

课堂即时性评价成绩由四部分生成，分别为学生自评占总评价比例15%，学生之间的互评占总评价比例35%，教师评价占总评价比例为50%，见表5-1。

表5-1 "普通话语音学"即时性评价打分表

评价指标	学生自评（15%）	学生互评（30%）	教师评价（50%）	综合得分
学习态度				
专业技能				
分析问题能力				
解决问题能力				
自我评价的准确性				
互评的准确性				
对其他同学的帮助				

在即时性评价中，每位学生皆须为他人评分，扮演着亦生亦师的角色，使学习由被动转为主动。评价过程中，学生的自我评价和同学互评的结果十分相

符，被评价的同学比较认可其他同学评价中所提出的问题，并积极主动地与其他同学一起讨论改进学习过程中的问题。

教师在对学生的评价过程中会更偏重学生完成任务的态度、分析问题和解决问题的能力、团队合作精神、与人交流能力等的评价。能够及时了解到学生完成任务时的整体态度、乐于助人、积极主动、准时参加小组讨论、交付的工作能按时完成、愿意接纳别人的意见等方面，对学生职业态度和职业习惯的养成做出评判与引导。

五、评价小结

实施即时性评价后，学生的沟通能力及团队协作精神得到有效促进与提升，大大提高了学生分析问题、解决问题的能力。学生在自我评价、同伴评价、教师评价过程中更好地训练了细致的观察力、生动流畅的语言表达力，为学生后期的专业学习打下良好坚实的专业基础。

（一）提高了学生学习的自主性、积极性和互动性

由于普通话语音学的学习具有很强的体验性，进行实时的自我评价、同伴评价、教师评价能有效提升学生学习的自主性和积极性，增加学生与学生、学生与教师、学生与专家之间的交流，同时也提高了学生的团队协作能力。

（二）帮助学生及时发现学习中的问题

实施即时性评价对学生在学习过程中的语言表达等方面进行实时适当的鼓励或引导，帮助学生发现问题、总结问题、解决问题。学生在评价过程中，进行对比、分析，查找问题。在准确掌握普通话的发音要领和技巧的同时，能有效地克服方言对发音的影响。针对问题进行有目的的整改，全面提高学生自主学习能力。

（三）帮助教师更有针对性地解决学生学习过程中的问题

教师根据学生完成任务情况，并结合学生自评和互评，及时归纳总结存在的个性与共性问题，帮助教师更好地掌握学生的学习情况，并根据每一个学生的问题制定更具有针对性的个人训练方案。在学生的互评过程中更好地了解学生对于每一个知识点的掌握情况，及时加以补充讲解。课上的训练状态更能体

现学生课下基本功的训练情况，帮助教师根据学生的学习情况，科学设定课下帮扶小组，把语音规范标准的同学与语音问题多、矫正困难的同学组合在一起进行帮扶训练，更好地调动了学生学习的积极性，让整个小组的学习氛围更加融洽。

六、评价成效

（一）提升了学生的专业能力

即时性评价的开展使学生专业学习积极性大大提高的同时，专业能力得到进一步提升，夯实了专业基本功。学生们在自我评价和相互评价的过程中不仅对于普通话语音的实际应用能力得到提高，更多的是提高了学生的辨音能力和对于方言的矫正能力。

有很多方言区的学生在入校时由于对语音的发音方法和部位都不清晰，导致自己方音明显。即时性评价要求学生在互评过程中，对于同学出现的问题必须清晰明确地提出解决方案，学生本着对同学负责的态度，在学习过程中有效地将理论与实践融合在一起，专业能力有了较大提升。

（二）拓宽了学生的就业方向

开展即时性评价培养学生正确的判断力，更好地了解自我、改善自我，有效解决语音问题。有一部分同学在校期间或者是毕业之后担任少儿语言培训机构的辅导教师，还有的学生在毕业之后创办了自己的培训学校。辅导的学生获得专业比赛优秀成绩，个人也获得优秀指导教师的荣誉称号，得到培训学校以及学生家长的认可，如图5-4所示。

图5-4 学生辅导的作品获奖

第六章 表现性评价的设计与实施

表现性评价强调在完成实际任务的过程中评价学生的发展，更侧重于评价学生的实际操作能力，通过对学生的表现进行观察分析，判断学生在创新能力、实践能力、与人合作能力以及积极的态度、正确的价值观等方面的发展情况，关注学习过程、关注学生发展。

第一节 表现性评价设计

表现性评价强调在真实的情境下完成任务，并对学生学习过程中的表现进行评价。我国表现性评价在教育教学中的应用主要集中在对学生作品的评价、课堂表演以及演讲等活动中。表现性评价的设计通常包括确定评价内容和评价标准、设计表现性任务和选定或设计表现性评价的工具。

一、确定评价标准

表现性评价是对学生在完成任务时的具体行为表现的评价，因此，必须事先确定评价的内容（教学目标），并将它分解为构成表现成果的可观察的具体行为，然后由师生共同制订评价这些行为优劣的标准。明确而清楚地界定表现性行为的评价标准，是成功实施表现性评价的关键。制订评价标准时通常有教师自我实践和确定表现标准两步。

（一）教师自我实践

教师对要评价的行为表现，先进行自我实践，并记录、研究表现成果或可能的表现成果，作为指导观察和评价的表现标准。

（二）确定表现标准

为使评价便于操作，表现标准的数量通常限制在 10～15 项，并尽可能选用可观察、可测量和可量化的行为或成果来界定表现标准。

二、设计表现性任务

表现性评价实际上就是对被评价者在完成表现性任务过程中的表现情况进行观察与评估，而所谓的表现性任务就是在表现性评价过程中评价者要求学生完成的具体任务。因此，设计出适当的表现性任务是保证表现性评价有效实施的重要前提。设计表现性任务要注意以下两个问题。

（一）选择合适的表现性任务类型

在学校教学情境下，常用的表现性评价任务主要有六种类型：结构性表现任务、口头表述、模拟表现任务、做实验或调查、创作作品、完成研究项目。在实际教育评价活动中，到底选择哪一种或哪几种表现性任务，需要教师根据评价的内容、学生的发展水平、学习空间与设备条件等具体情况决定。

（二）设计完成表现性任务的情境

在设计表现性任务时，教师除了要恰当地选择表现性任务的类型并具体设计表现性任务的内容以外，还要设计实施表现性任务的条件、情境等。条件是指表现性任务实施的时间、地点或需要使用的设备用具等。情境是指自然情境或者特殊控制的情境。情境的选择和设计要根据表现性任务的特点和表现性评价结果的用途来决定。

三、选定或设计表现性评价工具

任何评价都需要借助一定的工具来进行，不同的是，有的评价活动非常简单，评价工具可能内化于评价者身上，从外表来看并不明显。而对于评价较复杂的表现行为，则需要借助于一定的工具通过系统的观察和详细的记录来进行，以保证评价的客观性和有效性。

第二节　表现性评价实施策略

美国教育心理学家加涅将人类学习的结果大致分为五类，表现为五种不同的能力：言语信息、智力技能、认知策略、运动技能和态度。表现性评价首先就是要明确所评价的能力（倾向）是什么，进而确定应当观察与评价的行为类型以及观察的范围，以此来控制表现性评价的内容。表现性评价是一个完整的评价过程，具体包括确定评价目标、设计评价任务、协商评价标准、实施评价过程四个环节。

一、确定评价目标

评价目标是实施教学评价的前提，它指明了教学评价要解决的问题，评价任务的设计、评价标准的制定、评价信息的收集等都服从于评价目标。根据布卢姆认知领域的教学目标识记、领会、应用、分析、综合、评价六个层次理论，并结合课程的学习目标、学生的具体情况，评价目标要涵盖知识与能力、过程与方法、情感态度与价值观三个方面。评价目标要描述具体，切实可行。

二、设计评价任务

在表现性评价中，主要是通过观察学生在任务完成过程中的行为和结果对学生的学习质量和综合素养进行评价，因此，表现性任务是评价的基础和核心。根据表现性评价的内涵和特征可以看出，表现性评价对教师学习任务和评价情境的设计提出了较高的要求，要求设计的学习任务在达到学习和评价目标的同时，对接职业岗位，能表现学生的职业能力、综合素养和学习结果，注重学生在学习和评价中学生的主体作用，并能充分调动学生的学习积极性。

三、协商评价标准

评价标准是成功实施表现性评价的关键。表现性评价公开性的特征决定了其评价标准应由师生根据评价目标和评价内容共同协商完成。一是评价标准要能反映出学生完成学习任务时的表现过程，学生在完成任务过程中，表现什么，怎么表现，都是表现性评价标准的内容。二是评价标准要有适当的激励作用，根据学生的实际水平确定恰当的评价标准是促进学生发展的保障。三是评价标准要根据具体的表现性任务而定，要在分析构成表现成果的每个细节的基础上，明确评价内容、行为表现和表现水平等，使评价有据可循。

四、实施评价过程

学生完成学习任务的过程，也是展现其进步与发展的过程。教师要根据评价目标和评价标准，对学生的具体表现进行评定，给出评价结果，并引导学生反思完成任务的全过程，总结个人行为和表现的得与失，及时调整学习行为，使评价达到促进学生发展的目的。

五、对评价结果进行反思

发展性评价最重要的一环，就是对评价结果进行反思，从而使学生的进步成为可能。因此，教师要在评价结束后，引导学生反思完成任务的全过程，反思自己的得与失，及时调整学习计划。教师也要反思在教学过程中存在的问题，反思学习任务和评价过程设计的是否合理等。只有这样，才能实现促进发展和进步。

第三节 表现性评价案例

本书以某高职院校动漫制作技术专业"动画表情包制作"课程为例，详细分析表现性评价设计和实施过程。

一、课程说明

（一）课程的性质与任务

"动画表情包制作"是一门理论与实践相结合的课程，是由专业教师准备成熟案例并带领学生探索实践的学习过程。"动画表情包制作"课程采用表现性评价，目的是为培养学生掌握动画表情包制作方法和动画制作技巧，并将作品在现实生活中运用。学生通过扫描图6-1中的二维码，可以观看教师案例作品。

图6-1 教师案例作品二维码

（二）教学形式与内容

课程主要教学形式采用理论课程学习加实践课程训练。

1. 理论学习与作品赏析

理论课程主要学习动画表情包的制作规格要求及网络传播要素。结合不同的风格和形式进行学习，让学生了解表情包的优势、缺点及制作什么样的风格和形式会受到大家的欢迎和使用。了解动画表情包的基本理论和意义，提高学生对其理解和设计的能力。

2. 衔接课实践

衔接课实践主要针对之前学过的"动画角色"课程进行衔接，使学生具备按照本学期课程学习目标的具体要求进行设计的能力，将要制作的动画表情包的线条形象化，并依据"动画角色"课程所学要求完成相关角色的绘制。

3. 动画动作模仿练习

教师运用本学期制作的角色进行现场动画动作演示，学生用自己设计的角色模仿老师课堂演示的动作。

4. 实践创作

学生具备了一定的技巧并熟练到一定程度，教师给学生下达具体动作任务，学生独立或团队合作完成。

二、表现性评价设计与实施

根据"动画表情包制作"课程的学习计划和要求，在学期的第一节课，教师设定设计要求，学生自主设计一个角色形象。其目的是之后让学生将设计出来的角色动起来，并且是有目的地动起来。并告知学生整个学期都要和这个角色打交道尽量不能更换。这样做的目的，一是锻炼学生的恒心；二是作为一个表情包项目让学生最终完成。这意味着学生自始至终用的一个角色，并在后续的学习中，让这个角色如何去表演，从而发挥学生的想象力与创造力。

（一）学生自评

在每位学生设计好原创的动画角色后，由教师主导，根据学生的基础水平，设计每次课动作动态的学习案例，由学生运用自己设计好的动画角色进行动作上的模仿。例如，教师设计一个小驴的形象，并完成一个打招呼的动作，学生用自己设计的动画角色实现这个动作，而不是照搬式的模仿，从而获得每个人独特的动作效果。这个阶段学生需要做到和教师案例一致，每个学生通过自评对照，查找差距与不足。

（二）同学互评

教师依据每个学生现有的水平进行命题，由学生独立来完成，教师进行针对性的辅导，在教学过程中充当"百度"的角色，解决学生在创作过程中的困难和问题,并将问题集中的部分汇总后统一讲授给学生。这个阶段学生要运用微信社交平台完成同学互评。学生的表情包单品发送到群里,通过斗图的方式,完成互评,激发学生的兴趣和创作欲望,同时,每个学生可以客观地发现自己作品的优缺点,并从其他同学的作品中获得启发。

(三)微信公众平台评价

学生将设计角色的不同动态语言,保存为PSD格式源文件和GIF发送文件,并汇总成一个动画表情包,按微信表情包开发要求的格式,进行命名和归纳分类上传。微信表情包公众平台每日都有使用数据,如果学生做的表情包认可度比较高,还会有用户打赏,有利于激发学生的学习兴趣,很多同学在课程结束后依然做表情包,并上传到公众平台。

(四)教师评价

学生根据自己的能力制作教师设定好的考题框架,动画表情包考核没有固定答案,每一位学生都有自己原创发挥的空间。学生可以根据自己的水平发挥创造性思维,进行动作与动态上的夸张。例如,考核喜、怒、悲、惧四个动画表情,每位同学都有不同程度的表现和不同的夸张想法,从而形成了有创新和创意的作品。

对于每个学生的作品评价,教师以作品的角色设计效果与动作的流畅程度为主要依据。另外增加一些作品"趣味性"加分,并利用网络平台发布比较优秀的作品,使作品应用到日常生活中去,增强学生的成就感。

三、生成评价结论

(一)课程中的表现性评价

在每次课上的创作评价由学生自评和互评组成,帮助学生在日常的训练中了解到自己的问题和不足,并在后期的创作中重点解决所遇到的问题,从而使自己在动画表情包的课程上达到最佳的学习效果。

(二)发布后的用户评价

利用微信表情包传播平台,让学生将自己的作品上传至该平台进行发布。发布后,腾讯后台会有数据统计该表情包的发送次数和下载量,作为学生创作作品表现性评价的一部分。图6-2显示了本学期优秀学生作品在微信表情包公众平台上30天的数据，每日的发送量基本达到1000次以上。发送次数越多就越说明该动画表情包越受欢迎。

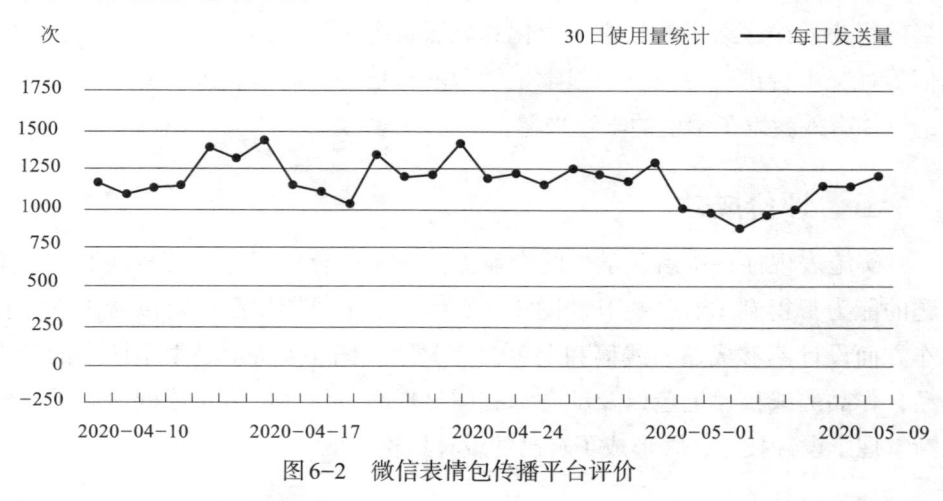

图6-2 微信表情包传播平台评价

（三）教师评价

课程结束后，教师根据学生提交的作品集，按照预先设定的标准进行评判后，并结合自评、互评、微信平台评价结果，得出学生本门课程表现性评价结果。

四、表现性评价小结

由于动画表情包课程的连续性，学生掌握动作设计方法需要克服很多困难，如对动态设计的表演，有的学生过于内向打不开思路，只是空想，创作的作品缺少生活元素而失去真实感。针对学生学习和训练过程中存在的问题，采用表现性评价，能有效提高学生发现问题和解决问题的能力。

（一）提高了学生自主发现问题和解决问题的能力

本课程是一门实践操作类课程，评价内容为创作的作品。表现性评价重视对学生创作过程的评价，在完成实际任务的过程中评价学生的发展。学生互评记录、平时表现、任务难易程度等都纳入评价体系，学生的学业成就主要是学生创作的作品效果。表现性评价贯穿学生创作过程中的每个阶段，学生的进步、创作中的问题等时时得到反馈，帮助学生及时总结不足进而创新，同时也培养了学生发现问题的能力和自我纠错能力。

（二）有助于教师及时掌握学生学习和训练过程中的问题，实行有效引导

教师通过观察学生每次课完成任务的表现，实时发现学生在学习和训练过程中的问题，并及时归纳总结、制定解决方案，帮助学生克服动作设计上不恰当的行为，循序渐进地让学生消化和克服自身学习上的缺点。鼓励学生利用微信等社交平台进行传播，增强学生学习的自信心，同时，外界对学生创作作品的反馈有效激发了学生的学习兴趣。

五、评价成效

实施表现性评价后，学生的专业能力、团队合作能力、分析问题和解决问题的能力都得到了有效提升。图6-3所示为学生早期作品，可以看出作品在动作方面设计不够成熟，线稿和上色都有欠缺。图6-4所示是学生期末的最终作品，作品的线稿、上色以及动态都有明显提高，学生的进步成效显著，已经逐渐掌握了设计技巧，并形成了自己的设计风格。

图6-3　学生早期作品　　　图6-4　学生期末最终作品

第七章　电子学档评价的设计与实施

电子学档评价是以学生的成长为主线，借助信息化手段，教师和学生根据一定的评价目的，对学生的学习表现进行合理的分析和判断，能客观反映学生在一定时间内的行为表现和学习成果。

第一节　电子学档评价设计

W.James Popham 在《促进教学的课堂评价》中指出，启动成长记录袋有七个关键步骤：一是确保学生拥有自己的成长记录袋；二是根据学科的不同，老师和学生共同讨论并决定收集什么类型的作品样本；三是选择合适的地点存放记录袋；四是制定评估成长记录袋的标准；五是让学生不断对其成长记录袋作品进行评估，提高学生的自我评价能力；六是定期安排和举行成长记录袋会议；七是调动家长参与成长记录袋评估过程[13]。在此基础上，电子学档评价的设计可以总结为以下三个步骤。

一、选择电子学档的类型

确定电子学档的类型前，首先要明确评价目的。一是展示学生的最佳成果，提高学生学习自信与兴趣；二是描述和记录学生学习的过程，了解学生的不足，为教学提供信息；三是引导学生自我规划，培养学生的自我计划能力和反思能力；四是对学生的学业发展状况进行鉴定与评估。明确评价目的能帮助学生有针对性地收集资料，并根据实际需要从目标型学档、过程型学档、展示型学档和评估型学档中选择合适的学档类型。

二、设计电子学档

电子学档通常由封面、目录、内容、附件四部分构成，学档可以采用多种不同格式的电子文档，如 Word、PowerPoint 等。封面写明学档名称、学生姓名、专业、班级、学校等，便于学档的管理和保存；目录为学档内容的索引，方便教师和学生快速找到需要的内容；内容是学档的主要部分，存放收集学生的各种信息和成果；附件主要存放一些补充性的材料。

三、确定收集的材料

设计好电子学档的形式后，教师和学生协商学档中存放哪些材料，尤其是当学档的内容部分设计成不同的栏目后，教师要向学生说明每个栏目的具体主题是什么，在每个主题下，学生自行选择存放的内容。教师重点要让学生明确不同主题收集资料的差别。

第二节　电子学档评价实施策略

电子学档的建立过程可分为信息收集过程、信息选择过程和反思过程三个阶段[18]。其中,信息的收集过程是学习者体会学习的过程,信息的选择过程是学习者展现自己能力的过程,反思过程则是学习者进一步自我了解的过程。因而,电子学档实际是学习者自己对所学知识的管理和对学习的反思过程,它为提高学习者的反思意识、培养学习者反思能力提供了行之有效的途径。

一、明确电子学档评价的目标

学生根据课程的学习目标和个人的学习基础、学习习惯,在教师的帮助和指导下,确定自己的学习目标,明确学习行为、学习任务和提交的作品。

二、协商电子学档评价标准

评价标准由教师和学生共同决定,标准要尊重高职学生的个性化和差异化,能充分表征学习任务的完成过程和完成质量。评价指标要以学习能力的内涵为指导,以促进学生进步和发展为根本目的,以切实提高学生的学习能力。

三、收集整理数据和成果

学生根据学习目标、学习任务和作品提交要求,记录学习过程,收集整理学习成果,包括作业、报告、文档、案例、作品等。筛选的学习成果要规范,符合学习任务要求,并能表征自己的努力、进步和发展,体现创新意识。

四、生成评价结论

教师根据学生电子学档中收集的信息和提交的学习成果进行评价,同时,学生进行自评和互评,生成形成性评价结论,用以表征学生掌握知识的程度、学习能力的进步、素养的提升等。学生回顾学习过程中的收获,反思存在的问题和待改进的环节,规划后续的学习目标和任务。

第三节 电子学档评价案例

本节以某高职院校影视多媒体技术专业"数字图形图像处理"课程为例,详细分析电子学档评价的设计与实施。

一、课程说明

（一）课程的性质与任务

"数字图形图像处理"是影视多媒体技术专业的一门专业基础课，学生通过学习 Photoshop 图像处理软件，进行图像的合成与文字编排。Photoshop 作为一个主流的图像合成软件，与二维、三维绘画软件有较高的融合度，因此"数字图形图像处理"课程也是艺术类职业院校开设较多的一门专业基础课。

（二）教学内容与形式

1. 项目化课程设计

"数字图形图像处理"课程实行项目化教学，课程结构以项目为主导，打破传统以学科为中心的课程设计，在项目设计中始终以学生为中心，将"数字图形图像处理"的基础知识、设计师职业素养和思政元素穿插进各个项目。课程结构设计基于典型工作任务由简到繁，分阶段培养学生的职业素养。课程结构如图7-1所示。

学科课程结构 → 以学生为中心 → 项目课程结构

基于学科知识体系由易到难：
- 界面组成和基本操作
- 图像调整方法
- 色彩的设置、修饰工具的使用
- 工具箱、文本的输入与属性
- 图层混合与图层样式
- 路径的操作与编辑
- 矢量绘图
- 通道的基本操作
- 滤镜效果
- 动画效果

图像基本处理：
- 项目一：初次见面（基本操作）
- 项目二：看我72变（移动工具、选择工具）
- 项目三：美白36计（修复工具、滤镜）
- 项目四：你好色彩（调整工具）

文字与合成处理：
- 项目五：花海听风（剪贴蒙版、矢量工具）
- 项目六：最靓的仔（抠图技法）
- 项目七：大家来抢单（矢量工具、AI）
- 项目八：路边的野花不要采（液化）
- 项目九：字如其人（文字、路径）

综合操作：
- 项目十：我想静静（滤镜）
- 项目十一：字体设计大赛（文字、矢量工具）
- 项目十二：动动手指（图层、动画）

基于工作任务由简到繁

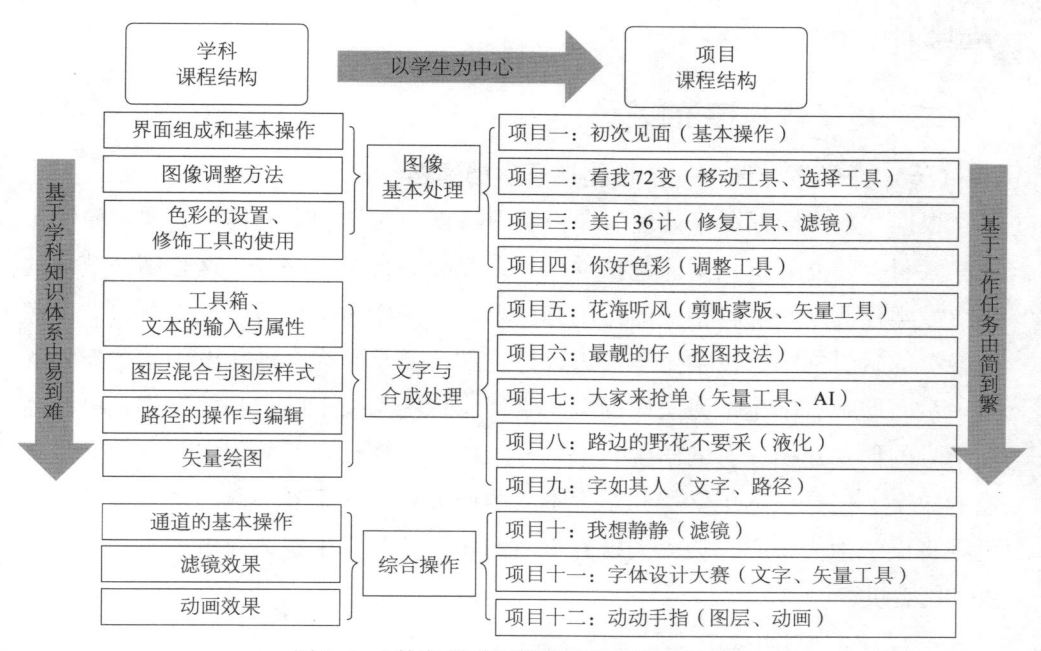

图7-1 "数字图形图像处理"课程结构图

2. 丰富的电子教学资源

运用"互联网+教育"模式，学生可以在校园网和班级群里下载学习资源。内容包括：课前预热小动画"每节一个小知识"，总结归纳教学软件Photoshop使用过程中经常遇到的一些小问题或者易被忽略的冷门小知识，目的是培养学生的职业素养，"好设计的20条规律"，是课程的理论支撑，用多媒体课件的形式讲解艺术设计的理论知识，采取图文并茂的形式，加入设计师职业资格标准，在潜移默化中培养学生的设计思维；教学项目，以独立的项目为单位在每节课前发送给学生，包括教学课件、网页教学、实训素材等内容；课间广告，作为课间休息时的内容展示，也是《好设计的20条规律》的辅助教学内容，主要作用是激发学生创作灵感，为后续课程做铺垫；艺术赏析，采用多媒体课件形式，分成八个大类，包含绘画作品和工艺美术作品，这部分内容以欣赏为主，主要是培养学生的艺术素养和审美，教学上以"线上"自学为主，"线下"引导为辅，潜移默化中培养学生的艺术观；软件扩充资源，笔画库、样式库和字体库等多种类型的Photoshop软件扩充资源和正版艺术素材，在教学项目的素材不能满足学生学习需要时，为学生提供一个可供自由下载的小型素材库。

二、电子学档评价设计

（一）开学第一课——个性化电子学档建档

根据"数字图形图像处理"课程学习特点，在学期初的第一节课，向学生征集素材，建立评价档案。包括学生本人无美颜自拍照一张，这是第一节课的主要教学任务之一。自拍照的作用有两个，一是作为课程后续教学项目"人像美容"的素材之一，以学生本人为设计主题；二是作为个性化电子学档建档的第一步，即带有学生本人头像的电子学档。传统意义上的学生档案都是以姓名加学号的形式建档，有的学生只把学号当作一个在校期间的固定代码，只是普通的数字。但是当电子学档和学生本人的照片紧密联系到一起，意味着整个学程都将以学生为中心，会大大提升学习的积极性和学生本人对电子学档的关注度和配合度。

（二）教学进度表——电子学档清单

教学进度表设计以班级为单位，从左向右第一列，是学生本人照片，第二列是学生姓名，第三列是学号，后面二十列空白表格用来记录本学期二十个教学项目的完成情况。教学进度表主要是考察学生的平时表现和取得的成绩，偏重于过程性评价。随着课程项目学习的推进，表格的填写情况会慢慢拉开差距，学生通过在本班级的教学进度表横向比对，即可一目了然地观察到自己的真实学习情况。进度表的画面效果会在课堂教学中全班同学和老师讨论完成，让学生参与设计，每个班级的教学进度表都有自己的风格和特色，如图7-2所示。

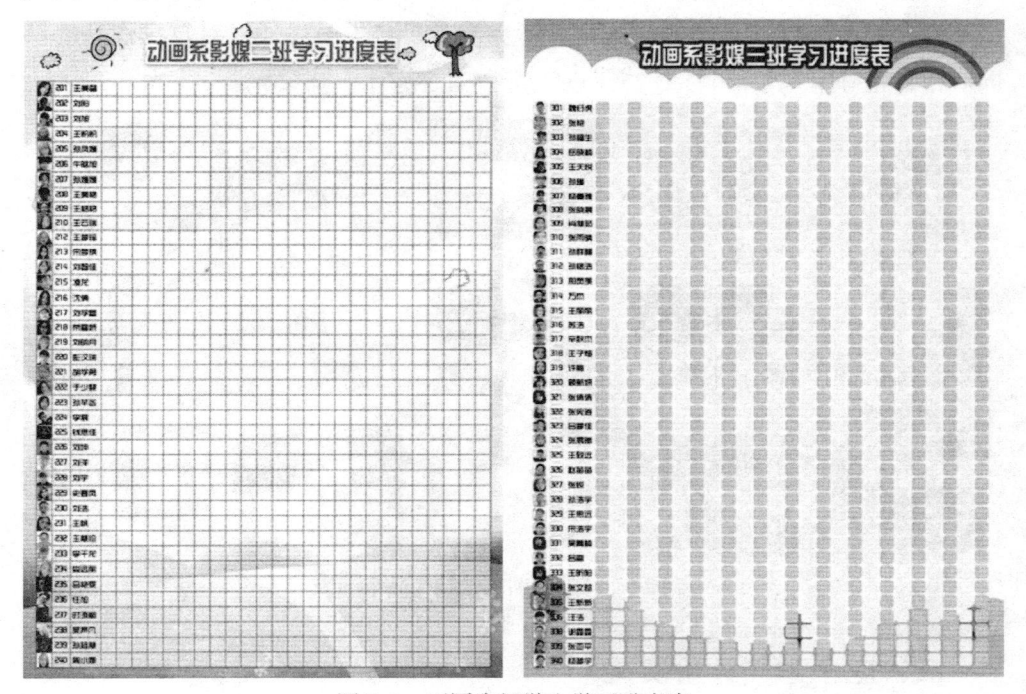

图7-2　不同班级学生学习进度表

（三）QQ群第二课堂——同伴互评

在信息收集和选择的过程中，结合"数字图形图像处理"课程制作和设计图形图像的特点，依托开放性的网络平台，如班级QQ群作为第二课堂，集中展示学生某个项目的设计作品。同时为调动课堂气氛，利用QQ群的投票工具，对优秀作品进行投票选评，学生参与投票的过程也是对课堂上的教学内容进行回顾和反思的过程。同伴互评让学生从其他人的作品中取长补短、拓展思路、激发灵感，特别是从评价者的角度发现问题后，回归到自己的作品中，引起反思。通过全班作品的横向对比，每一个学生都能直观的掌握自己学习的真实情况。

（四）期末作品集——学生自评

学生平时的作品除了由教师留存，也要求学生将自己的全部作品以教学项目为单位留存，作为期末作品集设计的素材。期末作品集由学生自己搜集和筛选作品，制作成画册，如图7-3所示。学生结合平时所学的平面设计知识，灵活设计和布局作品集，学生通常会筛选利于展现自身优势和个性的作品，有利于培养学生的创新精神。随着学习的不断深入，学生在收集、筛选作品时，能从自己的作品中看到进步和提高，从而获得成就感和满足感，进一步激发了学生学习探究的兴趣。期末作品集记录学生学习足迹，学生通过对自身作品的横向对比，正确审视学习目标，主动完成学习任务。

图7-3　学生期末设计作品集

三、电子学档评价实施

（一）学生自评环节——教学进度表，期末作品集

在学生自评环节，学生是评价活动的主体。包括教学进度表和期末作品集两个部分。

教学进度表评价是在每个教学项目结束后，对学习成果进行评价。通过每个教学项目的完成情况来填写教学进度表的格子，这个过程既有学生自评，也有教师评价，学生评价部分是作品的数量，教师评价部分是作品的质量。每个项目完成后，教学进度表的填写会有新的变化，学生根据格子的填写情况在班级里做横向对比，准确找到自己的定位。作业完成的数量越多、质量越好，格子的长度就越长，视觉上和游戏里的进度条一样，如图7-4所示，这样可以引导学生找准努力的方向。

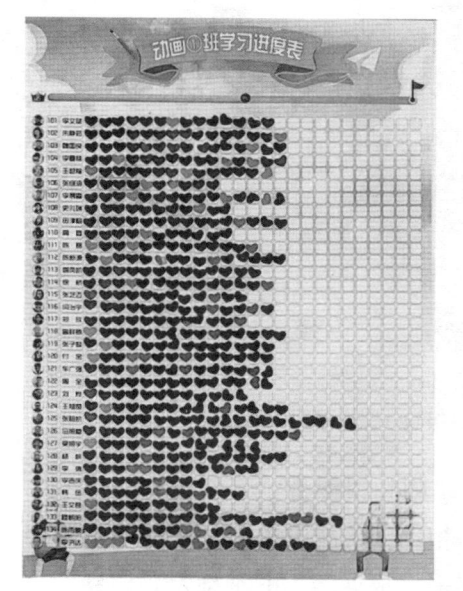

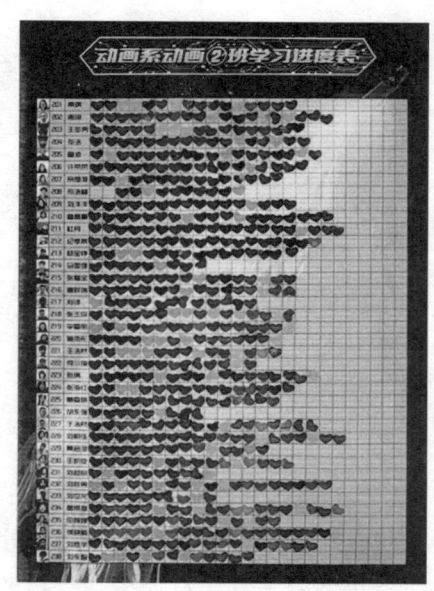

图7-4　某专业平行班教学进度表期末完成情况对比图

期末作品集是学期末由学生自由选择本学期所有教学项目中的案例，制作成册。设计期末作品集的过程完全由学生自评学习成果，在素材挑选的过程中学生会把所有教学项目的案例都拿出来进行纵向比对，选择效果好的案例作为素材，这个对比的过程就是自评的过程。这一过程淡化学生之间的比较，强调学生的进步和发展。

（二）学生互评环节——第二课堂

学生互评的形式主要是在教学项目中设计比赛活动，如进行字体设计、命题设计等。这一评价环节学生依然是课堂的主体，教师不参与评价，只负责做好统计与投票活动的设置。第一步，先将课堂练习的作品进行小组初审，小组自行讨论，评选出优秀作品参与班级投票。第二步，把小组推出的作品公布以后，在班级QQ群设置投票，如图7-5所示，班级QQ群里的每一个人都是评价活动的参与者，参与过程中学生与学生之间相互学习、相互切磋，让学生从设计师的角色转变为观众的角色，重新审视自己的作品和同学的作品。学生互评创造了一个轻松愉快的学习环境，在投票过程中学生之间相互交流意见，在课间休息时即可完成，不占用课堂时间。

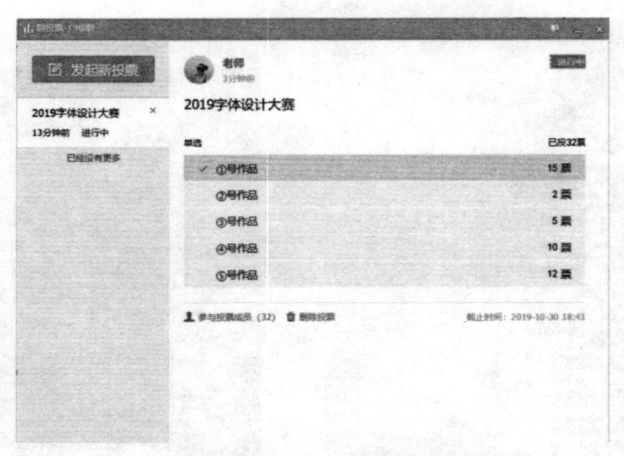

图7-5 字体设计大赛班级QQ群投票结果

（三）教师评价环节——作品评价、基础知识评价

建立在电子学档基础上的教师评价，相比于传统评价形式能更丰富的展示学生各类学习活动，从而综合分析教学成果，根据学生的基础差异做到因材施教。教师评价包含作品评价和基础知识评价两个方面。

作品评价包括教学进度表、期末作品集和命题设计三部分内容。通过教学进度表的完成情况，给每个学生生成相应的平时成绩。期末作品集和命题设计是学生学期末的期末成绩。三部分内容构成学生本门课程的总成绩。

理论知识评价是利用融媒体制作平台，发布基础知识测试，学生通过手机扫描二维码在线完成测试，如图7-6所示。主要考察学生的快捷键使用、软件基础知识，设计师基本职业素养等方面的内容。在实践为主的课堂上增加理论测试环节，让学生放下鼠标拿起手机，转换一下思路，既能让学生控制图形与设计的右脑得到片刻休息，还能增加课堂的趣味性。

图7-6 理论测试内容预览图及二维码

四、生成评价结论

以学生的电子学档为主线，将过程性评价和结果性评价相结合。过程性评

价包括教学进度表成绩和期末作品集成绩。结果性评价即期末作品的命题设计，各部分占比如图7-7所示。

期末作品集评价占总成绩的20%，因为期末作品集是一种个性化的评价方式，由于每个学生的价值观和艺术观不同，会构建出不同的画面效果。这里主要考察学生的作品完整度和整体性，风格是否统一。

命题设计占总成绩的30%，相比期末作品集占比重要大一些。因为命题设计是综合实训，是结果性评价。通过学生提交的工程源文件可以直观地看出学生使用了哪些素材，对素材进行哪些调整等，考核学生的综合素养。

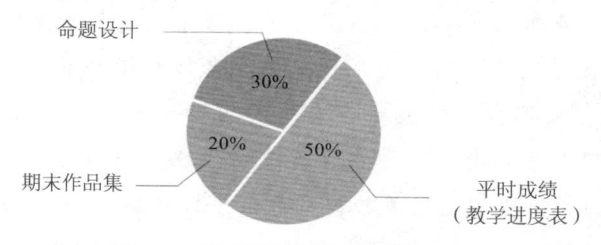

图7-7 学生课程评价构成占比图

五、评价小结

（一）院校层面：规范学校的教学管理

电子学档案可以客观反映教学质量。电子学档是学习过程的真实记录，全面记载了学生的学习成长过程，内容全面、客观，使管理部门不进课堂也能及时掌握教学动态。

（二）教师层面：准确把握学习状况

电子学档作为一种为教学服务的工具，可以准确反映学生发展过程中的优势和不足，是对学生的一种更全面、更合理的发展性评价。教师能够在电子学档中梳理教学中难点，有针对性的解决学生学习过程中的问题。

（三）学生层面：激发学习的深层动机

电子学档评价打破传统评价单一化、片面化，做到评价主体多元化、评价信息多元化，使学生在评价活动中受到鼓励，得到发展，促进学生自主化学习和个性化发展，让学生真正学会学习。电子学档记录学生一段时间内的进步，激发学习兴趣，增强学生之间的合作意识，督促学生对自己的学习承担起责任，进行反思性学习。

六、评价成效

案例一　电子学档评价促进学生创新发展

大一学生荣旗，有美术功底，但无软件操作基础，在"数字图形图像处理"课程中做到平时作业认真完成，提交及时，通过一学期的学习，扎实掌握了软件的基本操作。在期末作品集的自我评价环节中，发现虽然作品制作精良，但并没有把自己良好的美术功底发挥出来。在老师的指导下，他在命题设计时有了创新和突破，采用自己擅长的手绘与PS软件相结合的方式，从提交的源文件来看，能够紧扣设计要求，图层分类清晰合理，虚实结合，软件使用比较熟练，合成效果自然，是完成效果较好的原创设计作品，如图7-8所示。

图7-8　荣旗同学结合手绘完成期末命题设计

案例二　电子学档评价促进学生可持续发展

大二学生钱思佳，在大一下学期学习了"数字图像图像处理"课程，结课后也一直有使用电子学档积累素材的习惯。在大二的视频剪辑作业中，使用了PS制作部分素材，加入到视频剪辑软件进行后期制作，提升了整体的画面效果，并在技能大赛中获奖，如图7-9所示。

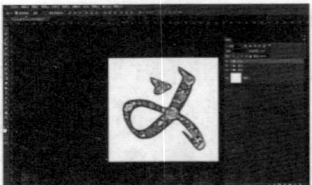

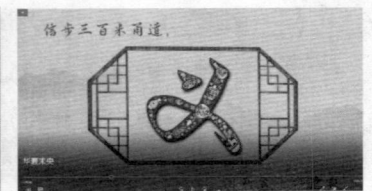

图7-9　视频《华夏未央》制作步骤及最终效果图

第四篇

成效分析

第八章 基于量化SWOT分析的发展性评价满意度评量

近年来，国外采用学生参与的方法来度量职业院校乃至整个高等职业教育的质量水平，有效弥补了以政府、学校或中介机构为主体进行评价的不足[19]。美国、英国、加拿大、澳大利亚等国家纷纷进行学生满意度调查，并根据调查结果不断改善职业教育系统，以满足学生的需求。本节引入这种度量方法，开展学生对发展性评价满意度调查，以不断完善评价方法。

第一节 量化SWOT分析理论

SWOT分析是哈佛商学院的K.J.安德鲁斯于1971年首次提出的。是一种多用于企业内部的分析方法，即根据企业自身的既定内在条件进行分析，找出企业的优势、劣势及核心竞争力所在[20]，从而将公司的战略与公司内部资源、外部环境有机结合。SWOT为Strength（优势）、Weakness（劣势）、Opportunity（机遇）、Threat（威胁）四个单词首字母的缩写。其中S（优势）、W（劣势）组成内部环境，O（机遇）、T（威胁）组成外部环境[21]。

与其他的分析方法相比较，SWOT分析具有显著的结构化和系统性的特征。就结构化而言，首先在形式上，SWOT分析法表现为构造SWOT结构矩阵，并对矩阵的不同区域赋予了不同分析意义。其次在内容上，SWOT分析法强调从结构分析入手对外部环境和内部资源进行分析。从而形成SWOT分析模型，如图8-1所示。

机遇 （Opportunity）	优势 （Strength）
威胁 （Threat）	劣势 （Weakness）

图8-1 SWOT分析模型

SWOT分析基本步骤为：分析内部优势、弱点；分析面临的外部机会与威胁；将外部机会和威胁与内部优势和弱点进行匹配，形成可行的战略。

SWOT分析法用在职业教育领域，核心思想是在全面分析并把握现代职业教育优势和劣势的基础上，制定合适的发展策略，充分发挥优势，克服不足，利用好外部机会，化解威胁。首先将现代职业教育的内部和外部环境进行分析，罗列出优势因素、劣势因素、机遇因素和威胁因素，然后，以外部环境中的机遇和威胁为一方，以内部环境中的优势和劣势为一方，构建SWOT矩阵分析框架，确定职业教育发展应采取的战略。

SWOT矩阵分析法虽然能从优势、劣势、机遇、威胁等四个因素对专业设置给出系统化和结构化的分析，但只是一种定性分析的工具，缺少运用数学工具进行的科学研究，不能体现因素对专业设置的影响程度。为了克服SWOT矩阵分析存在的不足，本书将介绍基于量化SWOT分析的发展性评价满意度模型构建，不仅能够对因素的重要性进行度量，而且便于因素间比较，并通过观察矩阵图谱，提供直观、清晰的参考依据，为高职院校实施发展性评价提供战略性意见。

第二节 评价模型设计

一、建立SWOT分析模型

运用调查研究法，分析发展性评价所处的各种环境因素，即外部环境因素和内部环境因素。

外部环境因素包括机遇因素和威胁因素，是外部环境对发展性评价有直接影响的有利和不利因素，属于客观因素。机遇是影响发展性评价的重大因素。应当确认每一个机遇，评价每一个机遇的成长，使其竞争优势最大。机遇主要从国家对职业教育的重视、产业转型升级对人才素质和结构需求的变化、"三教改革"的推进等方面考虑。在高职院校的外部因素中，总是存在着对发展性评价有威胁的因素，主要从社会对职业教育的认可度较低、学校不够重视、传统评价模式的影响等方面考虑。

内部环境因素包括优势因素和劣势因素，是发展性评价自身存在的积极和消极因素，属主动因素。优势是指发展性评价相对于其他评价方式有优势的方面，可能具备的内部优势主要有激发学生的学习动机、提高学习积极性、促进学生进步等。劣势主要指围绕发展性评价缺少或做得不好的因素，或指某种会使发展性评价处于劣势的条件，可能导致内部劣势的因素主要有评价要素较多、评价主体多元化实施困难等。

二、构建子因素—损益—概率关系表

根据风险评估的思想，构建子因素—损益—概率关系表。

将影响发展性评价的因素用X_i表示，其中，$i=1,2,3,4$分别代表优势、劣势、机遇和威胁四个因素。X_{ij}表示第i个因素中的第j个子元素，$j=k,l,m,n$分别为优势、劣势、机遇和威胁四个因素中子因素的个数。

损益值用P_f表示，用来说明子环境因素X_{ij}对发展性评价的影响程度，取值为$-10\sim10$之间的整数。正数表示对发展性评价具有积极影响，数值越大，作用越强烈；零表示没影响；负数表示对发展性评价具有消极影响，绝对值越大，负作用越强烈。

概率值用P_b表示，表示子环境因素X_{ij}在实际情况中发生的概率，取值为$0\sim100\%$之间的百分数，数值越大，表示发生的概率越大。0表示不可能发生，100%表示肯定发生。

三、完成调研

为保证数据的科学性和合理性，从不同专业、不同年级的学生进行满意度调研。调研采用打分法，将设计好的子元素—损益—概率表下发，对表格中的每一项子环境因素进行P_f损益值和P_b概率值两项赋分。

四、计算子因素权值矩阵 PN

子因素权值矩阵PN表现该因素的重要性，PN的值由下面的公式确定：

$$PN_{ij}=P_{fij}\times P_{bij}$$

式中，P_{fij}和P_{bij}的值为每个子因素的打分结果。

为便于分析，将权值矩阵PN的每一个元素按列进行归一化，得到归一化矩阵PN^*，并将所得结果按照绝对值的大小，在各自因素范围内分别排序。此时，得到的PN^*值在$[-1,1]$之间，并依照PN^*值由大到小排列。

五、绘制矩阵图谱

根据得到的 PN^* 值绘制矩阵图谱。图谱分为四个象限，分别为 S 象限、O 象限、W 象限和 T 象限，代表优势、机遇、劣势和威胁。矩阵图谱由上下两部分组成，上半部分是 S 象限和 O 象限，PN^* 值为正，对发展性评价有积极促进作用；下半部分是 W 象限和 T 象限，PN^* 值为负，对发展性评价有消极作用。

矩阵图谱内部依据 PN^* 值的大小划分为三个子区域，分别为不重要区域、一般重要区域和重要区域，对应低损益低概率、中损益中概率和高损益高概率，如图 8-2 所示。

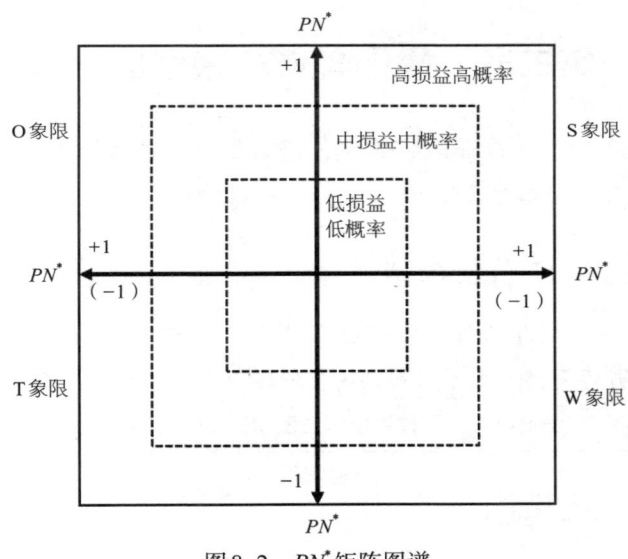

图 8-2　PN^* 矩阵图谱

六、分析矩阵图谱

PN^* 矩阵图谱能直观地展示各子因素对发展性评价的重要性程度，有助于高职院校综合考虑外部因素和内部因素的影响，科学合理地开展发展性评价。

如果 S 象限和 O 象限的 PN^* 值位于高损益高概率区域，同时 W 象限和 T 象限的 PN^* 值位于低损益低概率区域，则说明无论外部因素还是内部因素都对发展性评价产生有利影响，有积极的促进作用，而消极影响和不利因素基本可忽略。这种情况为最理想状态，发展性评价学生满意度高。

如果 S 象限和 O 象限的 PN^* 值部分位于高损益高概率区域，部分位于中损益中概率区域，则说明外部和内部因素对发展性评价有一定的促进作用；W 象限和

T象限的PN^*值部分位于低损益低概率区域，部分值落在中损益中概率区域和高损益高概率区域，说明因素对发展性评价存在一定的消极影响，会产生一定的负面作用，说明发展性评价实施过程存在一定问题，学生对发展性评价满意度不高。

如果S象限和O象限的PN^*值大部分位于中损益中概率区域和低损益低概率区域，则说明外部和内部因素对发展性评价积极影响和促进作用较小；W象限和T象限的PN^*值大部分落在中损益中概率区域和高损益高概率区域，说明因素消极影响和产生的负面作用较大，说明实施发展性评价不利因素较多，学生对发展性评价满意度较低。

第三节 量化SWOT模型应用

本节以山东省的三所高职院校为例，进行发展性评价满意度评量分析。参加调研的一年级和二年级学生共567名，回收有效数据539份。

一、建立SWOT分析模型

用来调研用的发展性评价SWOT分析模型见表8-1。内部因素共10个，其中，优势5个，劣势5个；外部因素共8个，其中，机遇4个，威胁4个。

表8-1 发展性评价满意度SWOT分析模型

内部因素	
优势（Strengths）	劣势（Weaknesses）
1. 激发学生学习动机	1. 评价要素较多
2. 提高学生学习积极性	2. 评价主体多元化实施困难
3. 促进学生进步	3. 学生参与评价积极性不高
4. 服务学生多样化成才	4. 评价增加师生工作量
5. 增强学生自信心	5. 教师对评价方法掌握不够深入
外部因素	
机遇（Opportunities）	威胁（Threats）
1. 国家对职业教育的重视	1. 社会对职业教育的认可度较低
2. 产业转型升级对人才素质和结构需求的变化	2. 学校不够重视
3. "三教改革"的推进	3. 传统评价模式的不利影响
4. 信息技术的发展和应用	4. 以学生为中心的教学理念不够深入

二、构建子元素—损益—概率关系表

根据调研的539份数据，构建子元素—损益—概率关系表如表8-2所示。

表8-2 子元素—损益—概率关系表

元素 X_i	子元素 X_{ij}	损益 P_f	概率 P_b	元素 X_i	子元素 X_{ij}	损益 P_f	概率 P_b
优势 X_1	1. 激发学生学习动机	9.62	86%	劣势 X_2	1. 评价要素较多	−3.56	41%
	2. 提高学生学习积极性	9.51	69%		2. 评价主体多元化实施困难	−1.57	81%
	3. 促进学生进步	8.15	91%		3. 学生参与评价积极性不高	−2.09	86%
	4. 服务学生多样化成才	7.23	90%		4. 评价增加师生工作量	−3.11	31%
	5. 增强学生自信心	6.85	84%		5. 教师对评价方法掌握不够深入	−4.33	46%
机遇 X_3	1. 国家对职业教育的重视	7.73	84%	威胁 X_4	1. 社会对职业教育的认可度较低	−3.52	34%
	2. 产业转型升级对人才素质和结构需求的变化	9.01	62%		2. 学校不够重视	−2.58	77%
	3. "三教改革"的推进	8.72	65%		3. 传统评价模式的不利影响	−1.55	62%
	4. 信息技术的发展和应用	8.36	89%		4. 以学生为中心的教学理念不够深入	−2.09	91%

三、计算得到归一化权值矩阵

由子元素—损益—概率关系表计算得到归一化权值矩阵 PN^*，见表8-3。

表8-3 归一化权值矩阵表

优势 X_1		劣势 X_2		机遇 X_3		威胁 X_4	
子元素 X_{ij}	PN^*	子元素 X_{ij}	PN^*	子元素 X_{ij}	PN^*	子元素 X_{ij}	PN^*
1. 激发学生学习动机	1.00	1. 评价要素较多	−0.17	1. 国家对职业教育的重视	0.78	1. 社会对职业教育的认可度较低	−0.14
2. 提高学生学习积极性	0.79	2. 评价主体多元化实施困难	−0.15	2. 产业转型升级对人才素质和结构需求的变化	0.67	2. 学校不够重视	−0.24
3. 促进学生进步	0.89	3. 学生参与评价积极性不高	−0.22	3. "三教改革"的推进	0.68	3. 传统评价模式的不利影响	−0.11

续表

优势 X_1		劣势 X_2		机遇 X_3		威胁 X_4	
子元素 X_{ij}	PN^*	子元素 X_{ij}	PN^*	子元素 X_{ij}	PN^*	子元素 X_{ij}	PN^*
4. 服务学生多样化成才	0.79	4. 评价增加师生工作量	−0.11	4. 信息技术的发展和应用	0.89	4. 以学生为中心的教学理念不够深入	−0.23
5. 增强学生自信心	0.69	5. 教师对评价方法掌握不够深入	−0.24				

四、绘制矩形图谱

根据归一化权值矩阵 PN^*，画出发展性评价满意度矩形图谱，如图8-3所示。

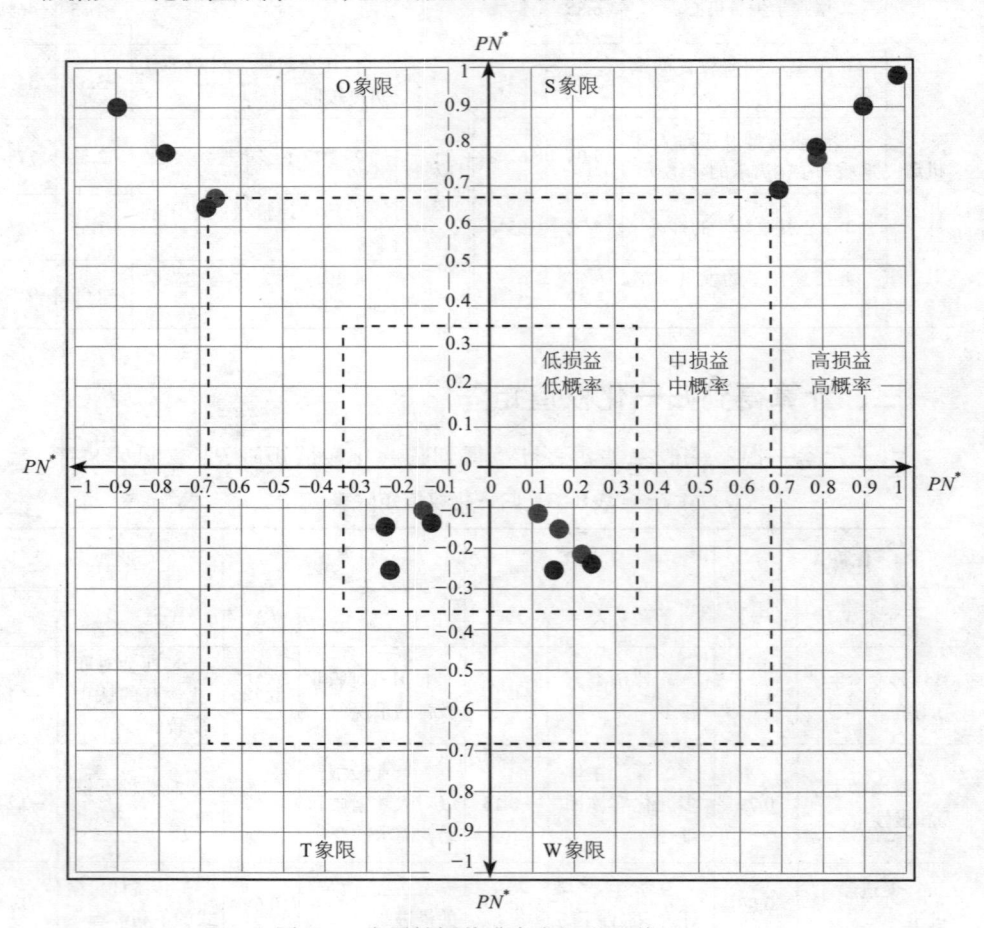

图8-3 发展性评价满意度矩形图谱

五、分析矩阵图谱

通过观察图8-3的矩形图谱，可以看出：

S象限5个要素的PN^*值全部位于高损益高概率区域，且最大值为1，说明内部因素中各项优势明显，发展性评价有效激发了学生的学习动机，促进学生进步，学生的积极性得到有效提高，服务学生多样化成才成效明显，增强了学生自信心。

O象限4个要素的PN^*值全部位于高损益高概率区域，这和国家对职业教育的重视、产业转型升级对人才素质和结构需求的变化、"三教改革"的推进、信息技术的发展和应用等因素密切相关。

T象限4个要素的PN^*值均位于低损益低概率区域，说明社会对职业教育的认可度低、学校不够重视、传统评价模式的不利影响、以学生为中心的教学理念不够深入等外部因素的威胁，对开展发展性评价的负面影响非常小，可以忽略不计。但应该注意的是，学校不够重视、以学生为中心的教学理念不够深入，这两个因素得分较低，需要学校加大对发展性评价的重视程度，同时，教师应该加强职业教育理论研究，将以学生为中心的理念贯彻到教学和评价的全过程。

W象限5个要素的PN^*值中均位于低损益低概率区域，说明评价要素较多、评价主体多元化实施困难、学生参与评价积极性不高、评价增加师生工作量、教师对评价方法掌握不够深入等内部劣势，对开展发展性评价的负面影响非常小，可以忽略不计。内部劣势的5个因素中，教师对评价方法掌握不够深入、学生参与评价积极性不高是得分最低的两个因素，应引起教师的充分注意。

通过上述分析，这种情况可以认为是理想状态，实施发展性评价学生满意度非常高。

第九章 高职教育学生发展性评价调查与对策探讨

党和国家高度重视职业教育的人才培养质量，建立健全职业教育质量评价制度、体系和机制，是构建现代职业教育体系的关键环节和重要任务。本章进行高职教育学生发展性评价调查研究，在分析学生和教师数据的基础上，提出实施发展性评价的建议，以激发高职学生发展的内在潜力和态度，助力学生成长成才，有效推进高职教育的高质量发展。

第一节 高职教育学生发展性评价调查研究

一、调研背景

高职教育是我国现代教育体系中的重要一环，截止到2018年，我国有职业院校1.17万所，年招生928.24万人，在校生达到2685.54万人。其中，高职（专科）院校招生和在校生分别占高等教育的46.63%、40.05%。2018年全国1418所高职院校共开设770个专业，基本覆盖了国民经济的各个领域，高职院校已占我国高等教育的"半壁江山"，为我国经济社会发展培养了大批技术技能人才。

发展性教育评价是通过过程性评价和形成性评价对学生实施综合素质评价，形成素养、知识与能力并重的多元综合评价[22]。高职学生发展性教学评价研究从2007年开始逐渐增加，经过十多年的探索，高职发展性教学评价的基本理念已经确立，评价体系得到了一定程度的发展。但是，对促进高职学生成长成才的教学评价的内容、方法、成效、模式的研究尚处于空白阶段。随着以人为本的素质教育理念不断推进，传统的教学评价弊端已引起国内教育界普遍的关注与担忧[23]。

（一）传统教学评价的目的过多强调学业成就的获取，不利于激发学生成长成才的内在潜力和态度

受传统学科式教学评价的影响，高职教育教学评价的目的主要是强调学生学业成就，以课程考试成绩的终结性评价为主体，但对学生的情感、意志、态度和创新个性的培养没有发挥有效的鼓励、促进和调控作用。

（二）传统教学评价的内容重知识技能轻综合素养，不适应高职学生全面发展

高职教育经历了"重知识、轻技能"到"重技能、轻知识"的演变，当前国家倡导职业教育要"服务人的全面发展和促进就业能力提升"，但传统高职教学评价的内容仍然重知识技能轻综合素养，尤其对创新能力、探究能力、合作能力等评价不足。

（三）传统教学评价的标准单一，评价方式重结果轻过程，不利于高职学生的个性化发展

招生制度改革使高职院校的生源结构呈现多元化特征，学生的入学水平差异较大，传统教学评价用一把"尺子"评价所有学生，而且过于强调量化指标，重结果、轻过程，忽视对健全学生人格起重要作用的意识、精神和行为表现等因素，不利于学生的个性发展。

因此，对高职学生的评价，不能单纯用学习成绩评判优劣，根据多元智能理论，应该用多把"尺子"衡量学生，树立正确的人才观，使人人皆可成才、人人尽展其才，努力让每个人都有人生出彩的机会。

二、调研对象

本次调研以山东省高职院校为例，从高职学校专任教师和学生两个维度进行调研，其中，教师共获得数据212份，学生共获得数据2428份。问卷通过问卷星发放和回收。

三、高职教育发展性评价调查分析

通过问卷调查，从不同视角掌握教师和学生对创新教学评价的态度、课程评价体现学生水平和潜能情况、学生容易接受的课程评价结果、学生全程参与课程评价的态度、更能发挥学生的各项潜能的评价方式、课程的教学评价应关注的要素、有助于激发学生学习动机的评价方式、通过评价达到的目的、课程结束后学生希望的收获等9个方面的数据信息。

（一）教师和学生对创新教学评价的态度

由于高职院校生源多元化、能力培养目标不够明确、实践教学条件薄弱等原因，导致学生学习兴趣不高、学习态度不够端正、没有养成良好的学习习惯。传统"一刀切"的评价方式显然不适用于高职学生，急需改变。教师和学生对创新教学评价的态度调查结果如图9-1所示，其中，实线表示学生数据，虚线表示教师数据。

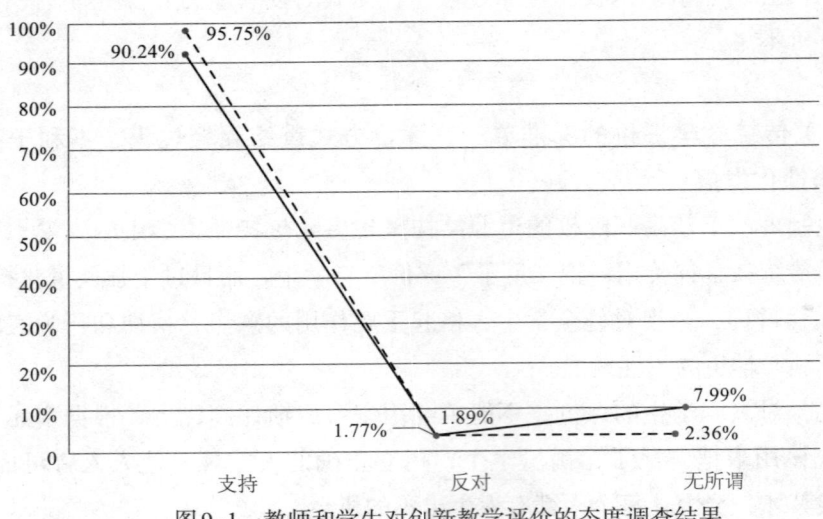

图9-1 教师和学生对创新教学评价的态度调查结果

调研数据显示，90.24%的学生和95.75%的教师都愿意创新教学评价模式，且教师的愿望更强烈。只有1.89%的学生和1.77%的教师持反对态度。由此可以得出结论，进入新时代，要加快发展更高质量、更公平、更具个性的职业教育，培养更多的大国工匠和数以亿计的工程师、高级技工、高素质职业人才，高职教育必须不断创新评价模式，用发展的眼光去认识学生，为学生提供全面发展的空间。

（二）学生全程参与课程评价的态度

传统教学评价主体单一，评价结果主要由教师决定，缺少学生参与教学过程的要素，不利于调动学生的学习积极性。对学生全程参与课程评价的态度，学生和教师的态度调查结果比较如图9-2所示，其中，左侧饼图表示学生数据，右侧饼图表示教师数据。

从图9-2看出，有1771人愿意参与评价过程，占调研人数的72.94%，只有11.29%的学生不愿意参与，另有15.77%的学生认为无所谓。对教师而言，有189人愿意邀请学生全程参与课程评价，占调研人数的89.15%，只有13人不愿意学生参与课程评价，占调研人数的6.13%。可见，无论是学生还是教师，都认识到学生参与课程评价的重要性，这也是鼓励学生积极主动地参与教育教学过程的重要环节，使评价主体多元化，评价结果信息多样化，从不同视角和不同

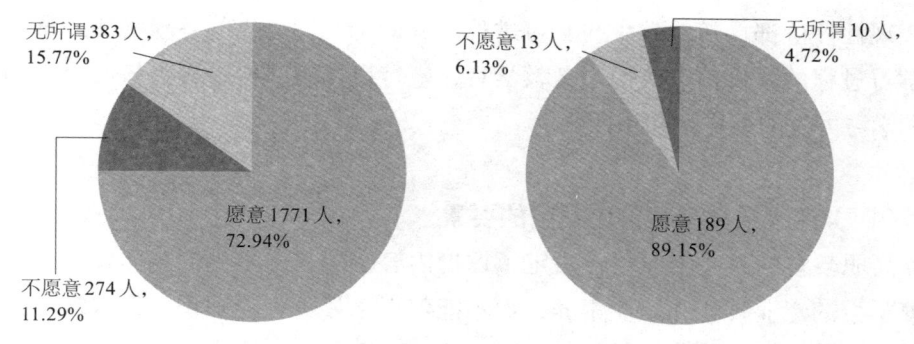

图 9-2 学生全程参与课程评价的态度调查结果

层面看待每一个学生，用多把"尺子"衡量学生。

（三）更能发挥学生各项潜能的评价方式

传统教学评价过多强调结果性评价，不利于激发高职学生的能力和内在潜力。调研发现，高职院校教师在教学过程中已经开始使用形式多样的评价方式，也取得了一定成效。学生和教师认为更能发挥学生各项潜能的评价方式调查结果如图 9-3 所示，其中，深色方形柱体表示学生数据，浅色圆柱表示教师数据。

从图 9-3 可以看出，学生认为更能发挥个人潜能的评价方式前三位的是表现性评价、过程性评价和即时评价，分别占 58.65%、56.26% 和 53.75%。对教师而言，排在前三位的是过程性评价、即时评价和表现性评价，分别占 73.11%、71.23% 和 62.74%，和学生的观点基本相同。分析表明，过程性评价、即时评价

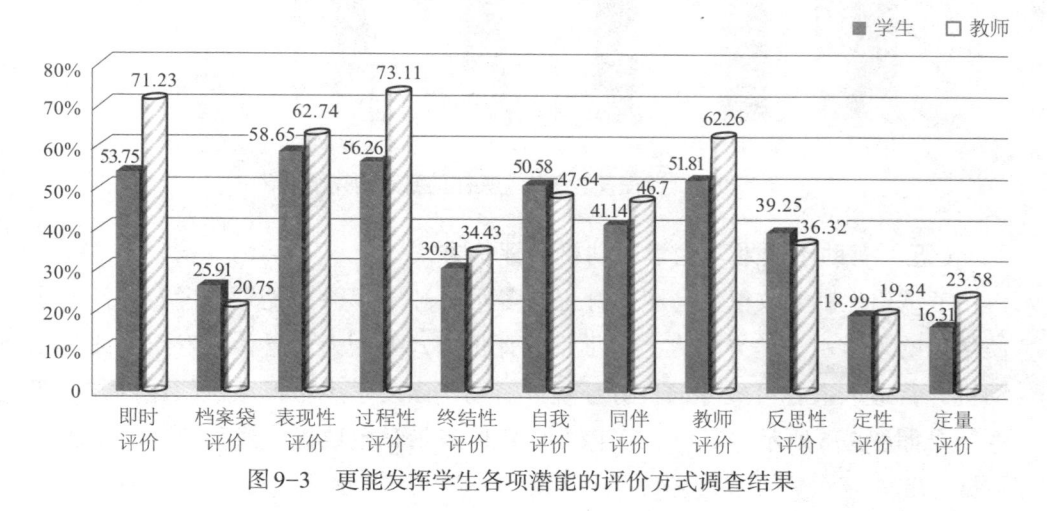

图 9-3 更能发挥学生各项潜能的评价方式调查结果

和表现性评价都伴随着学生的学习过程，有助于发挥学生的各项潜能。重视学生学习过程的评价符合建构主义教学观，坚持以知识建构过程为核心，强调教学和学习方法的多样性和个性化。

（四）课程的教学评价应关注的要素

高职教育的人才培养目标决定了评价内容必须关注学生的全面发展，注重培养学生的专业技能和职业素养，而不能仅限于评价理论知识。课程教学评价应关注的要素调查结果如图9-4所示，其中，深色方形柱体表示学生数据，浅色圆柱表示教师数据。

从图9-4可以看出，学生认为教学评价应该关注的要素排在前三位的是专业技能、职业素养和与人合作能力，分别占到80.89%、74.18%和69.6%。教师的观点排在前三位的是专业技能、职业素养和学习能力提升，分别占到86.79%、81.13%和76.89%。分析说明，随着职业教育课程改革的持续深化，教师和学生越来越重视专业能力、职业素养、学习能力和关键能力的培养与锻炼，从而为学生的高质量就业和全面发展打好基础。

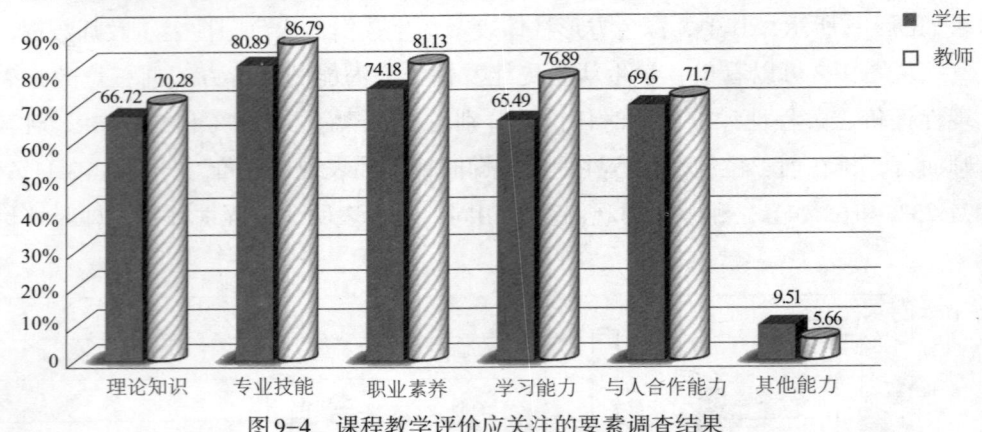

图9-4 课程教学评价应关注的要素调查结果

（五）有助于激发学生学习动机的评价方式

考试招生制度改革使高职教育生源多元化，"知识+技能"的考试评价方法使学生的入学水平差异较大。对学生的评价方式要因人而异，激发学生的学习动机，营造人人皆可成才的良好环境。有助于激发学生学习动机的评价方式调查结果如图9-5所示，其中，深色方形柱体表示学生数据，浅色圆柱表示教师数据。

从图9-5可以看出，学生认为有助于激发学习动机的评价方式排名依次为重视学习过程评价、制定学习目标并查找差距、公开评价标准和重视自我评价，分别占67.22%、63.8%、61.82%和55.81%。对教师而言，排名依次为重视学习过程评价、公开评价标准、制定学习目标并查找差距和重视自我评价，分别占84.91%、73.11%、71.7%和62.26%。分析表明，在高职教育的教学评价中，重视学习过程评价已经被放到了极其重要的位置，符合发展性理论的观点。发展性评价强调以人为本的思想，关注发展过程，关注个性化差异，适合高职学生的特点，有助于学生成长成才。

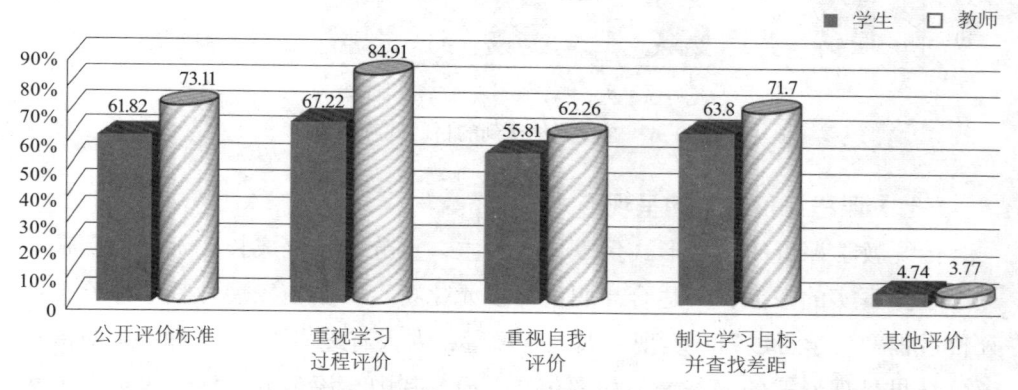

图9-5 有助于激发学生学习动机的评价方式调查结果

（六）通过评价达到的目的

传统的教学评价过于强调甄别与选拔功能，面向少数，忽视多数，不利于学生发展。通过实施发展性评价，以"促进学生成长成才"为评价目标，为促进学生全面发展提供路径。学生和教师希望通过评价达到的目的调查结果如图9-6所示，其中，深色方形柱体表示学生数据，浅色圆柱表示教师数据。

从图9-6可以看出，76.19%的学生希望通过评价监督和激励自己，74.75%的学生希望通过评价提高学习能力，59.68%的学生希望通过评价表征自己的能力，只有45.84%的学生希望通过评价进行选拔。而对教师而言，84.43%的教师希望通过评价提高学生的学习能力，82.08%的教师希望学生通过评价监督和激励自己，64.62%的教师希望评价能表征学生的个人能力，另有52.83%的教师希望通过评价选拔学生。分析说明，大部分学生和教师希望通过评价能监督和激励学生，并提高学生的学习能力，这也正是发展性评价的目的，能有效促进学生全面发展。

图9-6 通过评价达到的目的调查结果

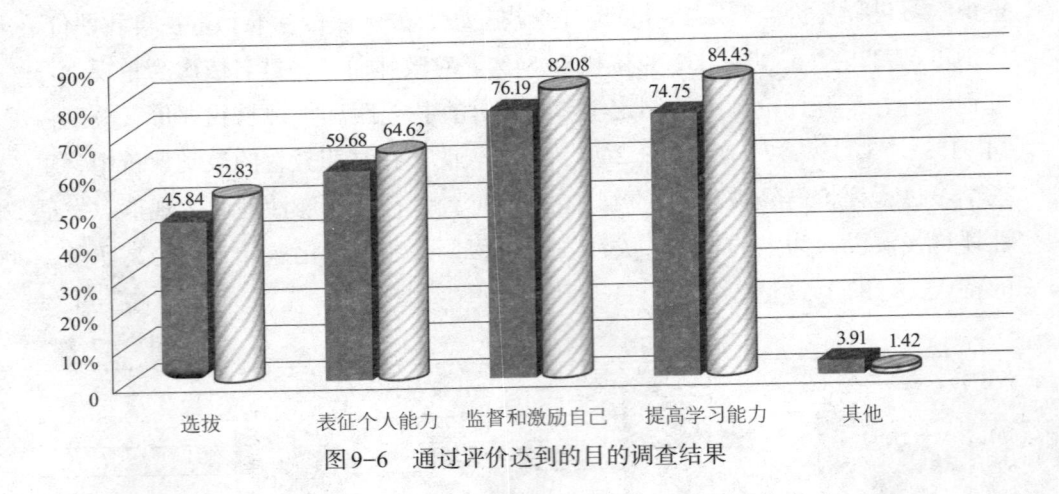

（七）课程评价结果的呈现形式

传统教学评价的呈现形式多以分数为主，重分数、轻成长，不足以反映每一个学生真实的潜能，不适合高职生源多元化特点。实施发展性教学评价，把评价过程融入学习过程，实现"人人有增量，人人有进步"。学生和教师对课程评价结果呈现形式的调查结果如图9-7所示，其中，深色方形柱体表示学生数据，浅色圆柱表示教师数据。

从图9-7可以看出，有79.65%的学生希望课程评价合格，能获得本门课程的结业证书，有73.81%的学生希望获得个人发展趋势图，有55.31%的学生希望保留课程作品，只有15.77%的学生认为一个分数即可。对教师来说，81.13%的教师希望学生评价合格后提交课程作品，73.11%的教师愿意为学生提供个人发展趋势图，67.92%的教师愿意为学生制作个性化的课程结业证书，只有16.51%的教师认为一个分数即可。分析说明，学生和教师对评价的效果已经有了更加深刻的认识，不再局限于分数，而更趋向于能表征学生进步的个人发展趋势图、课程结业证书、课程作品。这些丰富的呈现形式坚持教学评价导向性与激励性结合、主体性与多角度结合、差异性与客观性结合的原则，有助于成就每个高职学生的出彩人生。

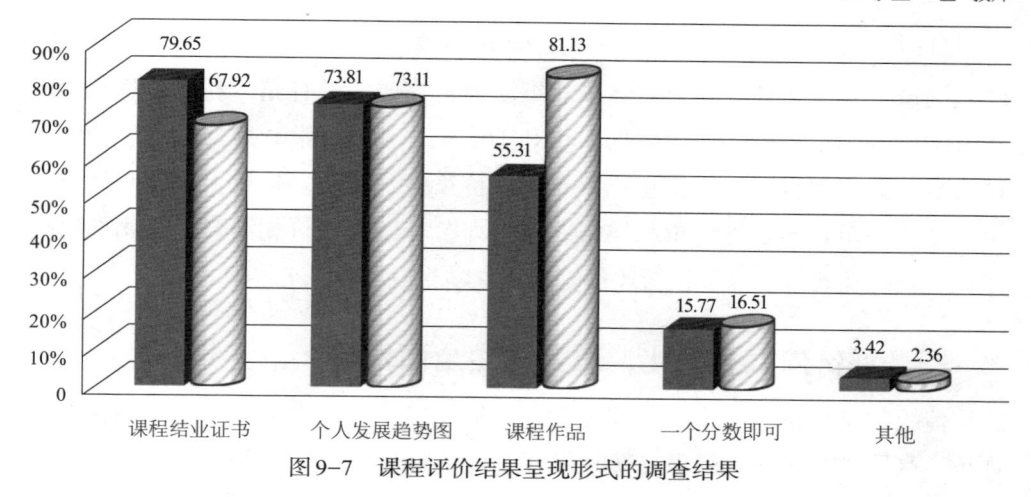

图9-7 课程评价结果呈现形式的调查结果

第二节 高职教育学生发展性评价建议与对策

通过对高职院校学生和教师进行广泛调研和数据分析，深入研究了高职教育发展性教学评价的相关问题，对高职教育实施发展性评价给出以下建议。

一、评价主体多元化，发挥学生的主体作用

评价主体多元化是指打破传统教学评价主体以教师为主，过多地强调甄别与选拔功能的限制，综合运用学生的自我评价、互相评价、小组评价等形式。同时，重视行业、企业的评价，为学生营造良好的职场化环境。从调查结果看出，教师和学生都愿意学生全程参与到课程的评价过程中，高职教育应充分发挥学生在教学和评价过程中的主体作用，激发学生学习动机，调动学生学习积极性。

二、评价标准多元化，促进学生个性化发展

职业院校学生生源结构呈现多元化特征，学生的入学水平差异较大，传统教学评价用一把"尺子"评价所有学生，而且重结果、轻过程，没有实时监测学生的发展和进步，不利于学生个性化发展。高职教育应研究学生的特性，和学生共同协商制定评价标准，评价标准因人而异，重点关注学生的进步和取得的成就，成就每个高职学生的出彩人生。

三、评价方式多元化，树立学生发展自信心

目前大部分高职院校仍未实现教学评价与信息技术的充分融合，课堂考勤、随堂测试、实践考核等环节依然依靠纸质评价完成，没有充分利用信息化手段实时生成教学过程中的评价数据，不利于构建"人人可学，处处能学"的学习型社会。高职教育应进行信息化背景下评价策略研究，坚持线上评价与线下评价相结合、定量与定性评价相结合、过程评价与结果评价相结合，采用即时性评价、表现性评价、电子学档评价等，建立学生发展自信心。

四、评价内容多元化，服务学生全面发展

传统教学评价内容缺少对职业素养、职业能力、综合素质、工匠精神等的评价。高职教育应在重新界定新时代育人目标的基础上，坚持评价内容综合化，即能力评价和素质评价并重，全面发展评价和个性发展评价并重，增值评价和学习成效评价并重，服务学生全面发展。

第五篇

借鉴发展

第十章 教学评价的国际做法与启示

教育教学评价作为一门学科起源于美国。综合教育评价理论的发展历程可以划分为教育客观化、教育标准化、教育多元化和教育民主化四个阶段。

第一代教育评价理论：教育客观化。第一代教育评价理论是指19世纪末到20世纪30年代，称为"测量时期"，其标志是"测量"理论的形成以及测验技术的大量实际运用。在这期间，美国出现了教育测量和心理测量方法。采用量化的方法，客观地评价个体知识、能力等达到的水平，评价被简单地等同于"测量"，科学化、标准化的测量成为这一时期教育教学评价的主要手段，追求的是教育客观化。

第二代教育评价理论：教育标准化。第二代教育评价理论是指从20世纪30年代至50年代，称为"描述时期"，其特征是对测验结果进行"描述"。在这一阶段，美国出现了对教育测量的批评，泰勒提出了教育教学评价的新概念，并开始了"八年研究"，尝试对学生的兴趣、动机、思维能力、学习能力、解决问题能力、实践技能以及社会态度等进行评价，评价既包含量的统计，又包含质的分析，力求教育标准化。

第三代教育评价理论：教育多元化。第三代教育评价理论是指从20世纪50~70年代，称为"判断时期"，"判断"是其主要标志，评价者不仅要运用测量手段去收集各种信息，还要根据一定的价值取向评判教育。在这一阶段，人们发现了传统评价的弊端，开始重视过程性评价，并针对不同课程的特点开展评价，评价理论和技术有了重要发展，出现了很多新的评价理论、评价方案和评价模型，追求教育多元化。

第四代教育评价理论：教育民主化。第四代教育评价理论是指从20世纪70年代后期至今，强调评价是一种"心理建构"过程，以古巴和林肯等人为代表，提倡价值多元、全面参与和共同建构。他们认为评价就是对被评事物赋予价值，评价本质上是一种心理建构，强调价值的多元性，提倡在评价中充分听取不同方面的意见，力图实现教育民主化。在这一阶段，评价作为一门学科越来越成熟，各发达国家纷纷进行教育教学评价的理论研究和实践。

第一节　美国的教育教学评价

美国教学评价理论研究和实践活动在历史上起步是比较早的，经过几十年的发展积累了很多成功经验，产生了一大批有价值的教学评价模式和方法。

一、美国教学评价的发展历程

从19世纪开始，现代教育教学评价经历了萌芽、形成、发展、成熟四个阶段[7]。

（一）萌芽阶段

19世纪初至20世纪30年代，美国出现了教育测量和心理测量方法，以便客观地确定个体的知识、能力或理解水平，并采用了量化的成绩考核办法。1845年，在美国波士顿学校委员会主席贺拉斯曼的建议下，美国第一次使用试卷大规模地测验学生学习成绩，测试科目主要有地理、语法、历史、自然哲学、天文学、写作、算术等，并用学生的测验分数作为依据来评价一所学校的教学质量。1897年，美国人莱斯发表了《拼字实验》，对20所学校的1.6万名学生进行拼字测验。根据测验结果，提出要对教学方案进行改进，从口头考试转向书面考试，开始了标准化考试的历史。1904年，桑代克发表了《精神与社会测验学导论》，提出"凡物的存在必有其数量"，成为测量学上的经典之作，标志着教育测验运动的开始。1908年，美国教育家斯通提出了客观化测试算术的方法。美国的30~40个大学校系统采用新的客观测验方法，对一些教育活动进行综合测量，测量内容为算术、拼字、书法和英语作文，以评价教学质量。受工业化及科学管理思潮的影响，科学化、标准化的测量成为教育教学评价的主要手段趋势。

（二）形成阶段

20世纪30~50年代，以教育测量为基本手段的评价有了重大突破。由于教育教学是一个极其复杂而又涉及很多因素的过程，有一些因素是很难测量和统计的，如学生的兴趣、动机、思维、学习能力、实践技能、社会态度等。1929年，经济大萧条席卷美国，波及全球，为摆脱危机，两百余名美国教育界人士于1930年4月在华盛顿聚会，讨论中学如何更好地为青年人服务的问题，在美国出现了对教育测量的批判,并开始了"八年研究"教育试验。泰勒提出了教育教学评价的新概念,他首先分析了教育应达到的目标,再根据目标评价教学效果,并通过评价促进教育改革,以达到理想目标。他还提出通过情境实验考核学生的创意思维、分析问题和解决问题的能力,实现了定性和定量评价的结合。从此,教学测量成为教育教学评价的一种手段,并为最终的质性评价提供量的依据。

(三)发展阶段

20世纪50～70年代,人类第一颗人造卫星发射成功,美国政府极为震惊,并因此颁布了新的教育法,制定了课程改革和数学、自然科学、外语教学改革方案,还拨出专款来研究如何评价这些课程改革的效果。在研究过程中,一些评价工作者意识到泰勒的目标评价模式对课程改革作用不大。为此,许多人开始从不同角度研究教育评价,先后提出了四十多种评价的观点和方法,如克洛巴赫提出评价不应只关心目标,还应关心决策,评价的重点应放在教育教学过程之中,而非教育教学过程之后等。20世纪中期,美国教育家布鲁姆提出掌握学习的策略,其核心是目标教学,以形成性评价思想为手段,对课堂教学目标进行精确、细致的分解,在课堂教学中使教师与学生都清楚地了解这些目标,并努力朝目标前进,在教学过程中还不断地以目标为中心进行评价调控。美国评价委员会在考察了评价发展历程之后,要求发展新的评价理论和方法,并研究、制定新的培训评价者的方案。许多新的评价理论、评价方案和评价模型开始出现。

(四)成熟阶段

20世纪70年代至今,评价领域更加明确,评价成为一门独特的学科,日臻成熟,出现了很多评价刊物、论文和专著,并通过多种途径,培训评价者,提高他们的评价素质。70年代中期,斯塔克认为传统的评价模式是预设式的评价,难以反映目标本身的变化、学生在目标之外的感受,各方面人士对目标所持的不同的观点,而且教育的价值有时是扩散的、潜在的,有时又是内在的,这些都难以用预先确定的目标一一查对。据此,斯塔克提出,评价的意义在于服务,为了使评价有利于评价对象,评价者应该关注服务对象关注的问题、兴趣和焦点。在此评价理念指导下,斯塔克提出了"应答评价模式"。欧文斯提出反对者模式,揭示方案正反两面长短得失而采取类似于法律实施过程中的评委会审议形式的评价模式，这种模式重视教育方案和教育活动的争议意见，尤其是反对者的意见。1975年，比贝把评价定义为"系统地收集信息和解释证据的过程，在此基础上进行价值判断，目的在于行动"，指出价值判断的结果应有助于决策的科学化并付诸今后的行动，也即评价应对实际工作有指导意义。

20世纪80年代，美国的认知与发展心理学研究取得了突破性的进展，对以后的教育改革尤其是教育评价改革影响颇大。仅就教育评价标准来说，自1983年美国哈佛大学心理学教授加德纳提出多元智能理论后，人们对学生的智能结构开始有了新的理解和认识。以往只重视对学生语言和数理逻辑能力的考核，事实上却忽视了他们在音乐、运动、空间、人际关系、自我认识、自然观察等方面的智能发展状况。多元智能理论的提出，拓宽了学生评价标准的考察内容和相应的评价方法，对标准化考试局限学生智能的发展提出了质疑。建构主义学习理论也对学生评价改革产生了重要影响，建构主义认为学习过程是经历复杂内心体验，重新建立知识结构的过程。在这一过程中，学习者把已有的知识与真实的情景联系起来，对各种信息进行认知处理，在它们之间寻找意义上的联系，从而获得对新事物的全面认识和对重要信息的长期保存。在这种观念指导下制定的学生评价标准，较为注重学生高层次思维技能，包括询问、分析、综合、批评、论证等，推崇学习者之间直接对话与交流，尊重学生的参与和创造。

20世纪后期，人本主义心理学家罗斯杰提出以人为中心的教学思想。他主张通过以学生为中心的教学，促进学生自我学习、自我实现，在教学过程中培养学生的独立性、自主性、创造性。他主张情谊教学，教师在教学过程中起着促进者的作用，教师通过与学生沟通建立起融洽的关系，形成有人情味的课堂气氛，促进学生的成长，这对进行合理的教学评价具有积极的意义。

二、美国教学评价的特点

美国教学评价的理论研究和实践活动经过几十年的发展，积累了很多成功的经验，并形成了独特的风格和特点[24]。

（一）评价主体多元化

美国的大学教学评价是由学校组织的，校外任何组织都无权干涉。评价的主体是多元的，包括学校管理者、同行教师、学生、教师本人、校友等。其中最有影响的是系主任评估、系统的学生评估、同行的评估意见等。

（二）教学评价贯穿教学系统的全过程

从教学系统论的观点来看，教学过程是多个有目的、有顺序的教学环节的集合，各环节之间有机配合、相互影响，共同对教学目标的最终实现发挥合力作用。因此，要想全面、客观地进行教学评价，必须对教学中的每一个环节都进行认真的了解和检查。

（三）教学评价注重学生的学业收获

美国大学里广泛持有的一种观点是，只有学生在课程教学中取得了多方面的明显进步，才能判定教师的教学是成功的。因此，教学评价特别关注学生的学业收获，包括关注学科知识的理解和掌握、关注学习课程的态度、兴趣和愿望、关注学习的独立性和创造性等。

（四）教学评价的目的是促进发展

美国大学教学评价结果的信息常提供给本人，用来帮助其改善学习方法和路径。评价对象对于评价中的问题和不足，深入反思，分析出现问题的原因，并积极寻找改进的对策。因此，美国教学评价的主要目的是促进个人发展。

（五）教学评价方法和手段多样化

美国教学评价手段和方法多样，主要有谈话、测验、等级评定和论文式评价等。在评价中他们使用多种评价方法，定性与定量结合法、形成评价法、综合性评价法等等。同时，教学评价注重应用数据库、网络技术和通信技术等新技术手段。

第二节　英国的教育教学评价

在英国，布莱尔任首相后大力推行"第三条道路政策"，并屡次用到教育领域，为此颁布了一系列绿皮书、白皮书，教育教学评价也产生了与之相适应的理念与方法[25]。

一、英国教学评价的发展历程

英国教学评价主要经历了以下三个阶段。

（一）终结性评价为主阶段

20世纪90年代之前，市场理论在英国的教育界盛极一时，并成为《教育改革法》的主要指导思想。在市场理论的控制下，国家课程、国家统一考试、学校排行榜成为教育领域的关键词。1864年，英国人费赦公布《作业量表集》，是运用科学方法研究教育测量问题的最初尝试。1882年，高尔顿在伦敦设立了人类学测验实验室，对人类个别差异进行研究，他在统计学者皮尔逊的帮助下，设计了许多统计方法。一些教育家借鉴这些统计方法，把不同学生的学习能力与学习效果量化，并加以客观比较。在这个阶段，评价主要目的是分辨出优与劣，教育教学评价中测量评价范式居于主导位置。用绝对的方式测量学生的已有成绩和潜力，终结性评价拥有不可撼动的地位，关注的是学生已经生成的能力、技能和已经掌握的知识。

（二）形成性评价出现阶段

20世纪90年代开始到21世纪初，在布莱尔首相的主导下，"第三条道路"代替了"市场理论"，主张教育要让每一所学校成功，要每一位学生成功。1964年，英国格林尼治医学校校长菲舍尔公布了与习字、拼字、数学、阅读圣经以及其他科目质量水平相对应的实例和说明为主要内容的标准对照表，并规定了按五分制评分的标准，这是用科学方法研究教育测量问题的最初尝试。在这一阶段，教育教学评价开始认识到评价不仅仅关注学生的学业成绩，更应该关注和评价学习风格、学习动机、价值观等非智力因素。认为评价的对象不应仅仅是静态的学生，只是检验其知识储备及掌握的技能，而是应该将学生的学习作为评价对象，即将学生与教师、其他学生、书本及其他教育资源的交互过程作为评价对象，淡化学生评价的甄别功能，凸显评价对学生的促进作用。同时，提出形成性评价，通过对学习过程中学生具体生动的活动的评价来改善教学活动，使学生的学习更加积极有效。

（三）评价对象多元化阶段

21世纪初开始，英国政府于2000年正式在全国推行新的课程改革，并对评价现状开展调查，发现学生经常不清楚教师或者其他评价者怎样来评价自己的学习成绩，课堂教学中，很少有系统的学生自我评价，学生对努力和成绩的等级感到困惑等问题。针对这些问题，资格与课程局于2000年发表《教师对形成性评价的报告》，强调形成性评价在教学评价中的应有地位，告诫教师要摆正学生在评价中的位置、角色，以推动新课程顺利进行。在这一阶段，学生的反思性自评与互评发挥着越来越重要的作用。英国13个地方当局的74所学校的教师试行《重要的3阶段计划》，这一计划得到了英国教育和科学部与课程和资格认证机构的支持，使用的新的评价制度重在监督学生进步。

二、英国教学评价的特点

英国非常重视教学评价工作，其独具特色、高质量的教学评价有效地保障了学校的教育质量[26]。英国教学评价特点可以总结为以下三点。

（一）评价目的关注学生学习，改善学习效果

关注学生的学习和成长是英国教学的出发点和立足点，评价的最终目的是改善学生学习，促进学生完善发展。因此，教学评价将注意力聚焦于学生。评价更关注学生参与学习活动的亲身感受，关注学生课程学习的兴趣和态度，关注学生在学习过程中的表现，并以学生的学习体验为主，注重了解学生的学习经历和兴趣，关注学生的学业收获。

（二）评价问题务实，具有可测性

英国的教学评价以能够观察到的教学事实、学生对教学的各种感受作为评价内容，评价内容务实，易测量。同时，教学评价不局限于教学的某一个部分、项目，而是涵盖了教学的各个方面，既对教学结果进行评价，又对教学过程进行评价。

（三）评价指标体系全面，可操作性强

美国教学评价指标体系丰富全面，具有可操作性，评价结果真实可靠。指标体系应反映教学的全过程，既对教师的教学进行评价，又对学生的学习进行评价，引导评价者关注教学过程和教学事实，评价者能够根据自己的切身感受真实回答，从而得出有效的教学评价结果。

第三节 德国的教育教学评价

德国的教学以学生为主，突出学生职业能力的培养，德国的教学评价也同

样打破了教师单一主体的格局，充分尊重学生的学习主体地位。

一、德国教学评价的发展历程

19世纪初，德国教育学家赫尔巴特提出了教学形式阶段理论，即清楚、联想、系统、方法。随后，他的弟子戚勒等又将该理论改造为准备、提示、联想、概括、运用五个阶段，形成了19世纪下半叶风靡世界的"五段教学法"。

1879年，冯特在德国莱比锡设立了第一个心理学实验室，为进一步揭示人的心理本质问题，设计了种种周密的实验方案及对实现方案的各种严密测量方法。同时，他与卡特尔、霍尔、贾德和梅伊曼一起研究了各种教育问题，提出了实验教育学的基本思想和方法，他们的研究工作在世界上产生了较大影响。

20世纪90年代以前，德国各学校及教育机构还并未将质量保障作为学校发展的一项核心任务加以重视。但随着德国在国际化比较研究中的地位下滑，教育教学质量逐渐成为关注的议题，教学评价也被放到了越来越重要的地位。

20世纪以后，在追求教育机会均等的思想指导之下，德国各级政府致力于教学与评价的改善、特殊学校设立的具体举措，并开始引入各种教学评价方法，以提高教育教学质量。发展性评价方法在很多学校付诸实施，并收到显著成效。

二、德国教学评价的特点

德国教育在不断适应经济发展和社会进步的要求过程中，形成了坚持学校发展民主化、尊重教育自主权、追求教育机会均等、尊重个人自由发展等重要思想。其教学评价具有以下三个特点。

（一）以学生为本

德国的教学评价不但检查教师的教学态度和行为，更重要的是充分了解学生通过教学在职业行动能力所取得的进步。德国学校的学习很注重人文关怀，教学评价还会关注学生的学习条件[27]，激励学生主动地、积极地参与到全面完整的学习过程中。

（二）注重学生的能力测量

德国的教学评价突出学生能力的测量，让学生在学习的过程中理解职业行动能力培养的重要性。教学评价不但评价学生的专业能力，更注重学生的方法能力、合作能力。学生正确评价自己在课程学习中获得收集信息，获取新知识的能力，能制定工作计划并实施等；教师经常采用小组合作法，特别注重学生的相互合作学习，在教学评价中也特别关注学生的参与动态。同时，教学评价除了关注学生的学习过程和能力提升，还关注学习的学习兴趣。

（三）评价内容具有可测性

德国的教学评价是一种以事实判断为基础的教学效果判断活动，在进行教学评价时，以能看得到的教学事实作为评价素材，让学生完全可以根据自己的切身观察，做出客观、准确的评价，保证教学评价项目的可观察性。所采用的教学评价标准具有明确的观察性含义，能够为教师日后改进教学提供具体的指导信息。

第四节 国外教学评价对我国的启示

西方国家对教育教学评价的研究开始较早，多位思想家、教育家、心理学家做出了杰出的贡献。同时，政府对评价工作的重视并用法律手段保证它的顺利实施是评价发展的外部动力。这些先进的理念和实践对我国的教育教学评价发展和实施具有很好的启示作用。

一、评价理论：支撑教学评价观念的转变

美国教育界在反思传统教学评价弊端的基础上提出了新的教学评价理念，保证了教育教学质量与教师的专业发展[28]。而我国的教学评价理论相对滞后，需要加大理论研究力度。坚持问题导向，在理论指导下，结合我国国情，根据教学改革实践中存在的关键问题，有针对性地改革不适应社会发展的教学评价方式。同时，教学评价理论不能脱离教学评价实践而存在，要在实践中不断充实和更新。

二、评价目标：从以目标为中心到以人为中心

西方国家的教学评价强调将完整的、有个性的人当作评价对象，并努力通过评价促使受教育者个性的充分发展，主张从每个学生发展的内在需要和实际状况出发，评价他们各自的发展进程，并努力使他们向更高、更美、更远大的

方向前进。我国传统教学评价侧重于终结性评价，重结果轻过程，忽视形成性评价，评价主要是为了选拔尖子学生，评价变为甄别过程。新时代背景下，对学生的评价不仅关注结果，更要关注学生的成长，有效的教学评价的一个重要原则是能否促进学生全面发展，是否能促进学生展示个性、追求卓越。通过评价营造良好的教学环境，由通过教育测量来甄别和选择适合教育的学生，转换为评价是否达到预定的教育目标，提高教育质量，促进教育改革。

三、评价主体：从一元到多元

国外学者认为没有人比学生自己更了解学习过程，因此格外重视自我评价。我国的教学评价依然以教师的单方评价为主，被评价者始终处于一种消极、被动的地位，忽视了被评价者的作用。我国教学评价应借鉴国外先进经验，学生是教学评价的参与者，也是教学活动的主体，从而实现评价主体由单一化转向多元化，教师、学校领导、学生、家长、专业的研究机构等都是评价的主体，特别要发挥被评价者在评价中的作用。评价人和教育活动参与人要广泛交流沟通，共同确定评价内容和实施方案，以便对教育决策做出修正，对教育方案作出判断，对大多数人的意愿做出应答，使教育满足人人需要。

四、评价对象：从评价学生的个人学力到评价学习的各种因素

布鲁姆认为，评价是一种获取和处理用以确定学生水平和教学有效性的证据的方法。评价不是甄选的工具，而是改进教学、促进个体发展的必要基础。只有学生在课程学习中取得了多方面的明显进步，才能判定教师的教学是成功的。科学的教学评价需要对学生学的过程予以充分关注。侧重于观察学生学习的过程和认知的改变，关注学生的学习经历和学业成就，通过评价促进学生的发展和完善。

五、评价方法：从量化到定性与定量相结合

国外的评价经历了从推崇各种标准化、客观化的教育测量，发展到提倡观察、调查等手段的定性分析，进一步发展到广泛收集信息、进行解释论证，并做出价值判断的定量与定性相结合的方法。目前，我国评价学生的主要形式是标准化考试，教学评价唯量化是教学评价走向误区的起点。而将量化评价与定性评价结合起来，用定性评价对量化评价进行反思和革新，即可弥补量化评价

的不足。评价要将终极性评价与形成性评价有机结合起来，再进一步发展到背景评价、输入评价、过程评价、结果评价等多种评价，使学生成长的过程成为评价的组成部分。

第十一章 我国高职学生教学评价的发展与创新

新时代对高职教育的育人目标提出了新要求，面对人才素质结构和能力结构需求的变化，高职教育如何创新评价模式，如何激发学生的学习动机，提高学生学习积极性，促进学生全面发展和多样化成才，是亟待解决的问题。

第一节 我国教学评价的发展历程

教学评价已经是我国现代教育学科中一个非常重要的组成部分，在教育教学改革中扮演着不可替代的角色。我国开展教育评价活动有着悠久的历史，但是真正对教学评价的研究始于20世纪70年代，其发展轨迹大致可分为以下五个阶段。

一、古代科举制度的形成与发展

教育教学评价由来已久，我国古代考试制度发达，开创了教育评价的先河，历朝历代都通过考试选拔人才，影响最大的是延续了1300多年的科举制。"学而优则仕"，古代的学校教育与选士制度紧密相连。西周时期，基本形成了完整的两类两级官学系统，即国学与乡学两类，国学又包括大学和小学两级。西汉时，人才的选拔有察举、征辟、任子等多种方式，其中最重要的是察举制。魏晋南北朝时，以九品中正制取代察举制。隋朝开始，通过科举制度选拔人才就是正式评价的源头。最早的量化评价起源于《学记》中的记载："比年入学，中年考校。一年视离经辨志，三年视敬业乐群，五年视博习亲师，七年视论学取友，谓之小成；九年知类通达，强立而不反，谓之大成。"科举制产生于隋朝，发展于唐朝，废除于清末，是我国封建社会持续时间最长、影响最大的选士制度。科举制强调考试为主，推荐为辅，更加重视考试成绩，强调人才选拔的公平性和真实性，对现代教学评价的发展有很好的启迪作用。

二、近代教学评价的产生

20世纪初，受教育科学化的影响，西方教育评价呈现蓬勃发展的态势，但是，由于这时期我国饱受战争摧残，使我国的教育评价与世界拉开了巨大差距。1926年，陶行知先生秉承"教学做合一"的原则编制了我国最早的学校评价量表《乡村小学比赛表》，全面覆盖了教师、学生、教学设施、教学的自然和社会成果、经费等多方面的评价，体现了评价学生的全面发展、个性发展，在世界上是非常早且具有创见性。

三、教学评价的恢复与兴起

新中国成立初期，我国的教育主要以学习苏联模式为主，对学生的评价也是借鉴苏联的五级分制法。改革开放后，随着教育教学改革的不断深入，我国的教育教学评价得到了空前发展，逐渐走上了科学化、规范化的道路。全国高等学校统一考试招生制度的恢复，得到了社会各界的普遍欢迎。但是，急需解决如何使这种招生考试客观、公正、可靠和有效，以及如何对当时具有一定数量的升格学校的认定问题，形成了评价恢复和兴起的客观需求基础。为了提高教育质量，在教育一线工作的学校领导和教师，已经充分认识到教育评价的重要性，渴望掌握评价理论和方法[8]。在贯彻执行对外开放政策之后，我国教育界加强了同世界各国教育界的联系和交流。国外教育评价研究和实践经验对我国教学评价的开展有很大的启示，逐渐恢复了教育统计、教育测量、教育管理等学科，为教学评价的发展打下了良好的根基。

四、教学评价的研究与试点

在系统引入并学习西方教育教学评价理论的基础上，我国相继出台相关政策文件，开展了大规模的本土化研究，并在全国开展了教育评价试点工作，探索评价规律，研究评价理论和方法，为评价工作的全面开展积累经验。在这一阶段出现了许多教育评价的研究成果，并且创办了第一本教育评价专业杂志《中国高等教育评估》，初步形成了具有中国特色的教育评价理论和方法体系。

五、教学评价的规范与发展

教育评价试点工作取得的成绩，为评价工作的规范化打下了良好的基础。

建立了全国性的评价研究组织,并建立起教育评价制度,为在全国范围内进行评价研究和实践提供了组织保证。国内部分高校开始培养教育评价研究方向的硕士生和博士生,国内外学术交流、研讨活动增多,教育评价研究成果层出不穷,创建了全国首家高等教育评估事务所和第二家教育评价专业杂志《教育评价》。

我国高等教育评价研究发展迅猛,但是,在职业教育领域相关的评价理论较少。我国影响较大的学者陈玉琨教授对我国教育评价研究的发展起到了重要作用。王斌华教授充分研究了美国、英国和澳大利亚的教育制度与教育理论、教师评价、学生评价的理论与实践,尤其对教育评价的比较研究有着坚实的、显著的成就。钟启泉教授引入了大量的国外教育研究成果,对我国教育评价研究的发展和改革起到了推动作用。

第二节 新时代新目标需要创新评价模式

我国已进入决胜全面建成小康社会、建设社会主义现代化强国的中国特色社会主义新时代,在这个重要的发展时期,培养适应产业转型升级、服务国家重大战略的高素质技术技能人才显得尤为重要。党和国家领导人在全国教育大会上指出,要深化教育体制改革,健全立德树人落实机制,扭转不科学的教育评价导向,坚决克服唯分数、唯升学、唯文凭、唯论文、唯帽子的顽瘴痼疾,从根本上解决教育评价指挥棒问题。因此,营造"人人皆可成才、人人尽展其才"的高职学生发展环境,迫切需要坚持立德树人,创新教学评价模式。

一、新时代对高职教育人才培养提出了新要求

新时代之"新",在于我们进入了一个新的发展阶段,发展环境和条件都发生了新变化;在于我们面临着新的社会主要矛盾,对党和国家各方面的工作都提出了新的要求;在于我们迈向新的奋斗目标,即将全面建成小康社会、踏上全面建设社会主义现代化国家的新征程。这样的时代大背景、历史新起点,对教育和学习提出了新的更高要求。党的十九大从新时代坚持和发展中国特色社会主义的战略高度,做出了优先发展教育事业、加快教育现代化、建设教育强国的重大部署。全国教育大会的召开,标志着我国教育现代化进入新阶段,迈向新征程,为加快推进教育现代化、建设教育强国、办好人民满意的教育指明了前进的方向、提供了根本遵循。

新时代职业教育是与社会培训相融合的职业教育，是实现高质量发展的职业教育，是服务国家战略、重视百姓民生关切的职业教育，是统一管理、多元办学的职业教育。新时代的职业教育由追求量的发展向质的显著提升转变；由参照普通教育办学向行业企业参与、专业特色鲜明的类型教育转变；由政府举办为主向政府统一管理、社会多元办学的格局转变，为全面建成社会主义现代化强国提供坚实技术技能人才保障。这是新时代对高职教育人才培养的新要求。

培养德智体美劳全面发展的社会主义建设者和接班人是新时代教育工作的根本任务。作为和普通教育同等重要的高职教育，要紧紧围绕培养什么人、怎样培养人、为谁培养人这一根本问题，全面贯彻党的教育方针，坚持马克思主义指导地位，坚持中国特色社会主义教育发展道路，坚持社会主义办学方向，遵循职业教育规律，坚持立德树人，将思想政治工作贯穿学校教育管理全过程。为谁培养人是教育的首要问题，就是要培养社会发展所需要的人，培养社会发展、知识积累、文化传承、国家存续、制度运行所要求的人。要把立德树人内化到学校建设和管理的方方面面，做到以树人为核心，以立德为根本。同时，我国具有独特的历史、独特的文化、独特的国情，必须坚持中国特色社会主义教育发展道路，扎根中国大地，融通中外，办人民满意的职业教育，发展具有中国特色和世界水平的高职教育，为促进经济社会发展和提高国家竞争力提供优质人才资源支撑。

二、建设创新型国家要求高职教育培养创新型技术技能人才

党的十九大提出，创新是引领发展的第一动力，是建设现代化经济体系的战略支撑，并对加快建设创新型国家做出战略部署。创新战略从跟随到引领，从模仿到原创，进入创新引领发展的新时代，推进中国制造向中国创造转变、中国速度向中国质量转变、制造大国向制造强国转变。新时代高职教育的新使命就是主动对接建设创新型国家等重大战略，支撑或引领创新发展，直接服务我国实体经济发展，为建设科技强国、质量强国做好技术服务和人才储备，为促进全球经济社会发展输出中国智慧和中国方案。

深化高职教育创新创业教育改革，是国家实施创新驱动发展战略，促进经济提质增效升级的迫切需要，是我国建设创新型国家的有力支撑。高等职业院校作为服务国家经济实体和重大战略的教育类型，更应高度重视创新创业教育，培养创新型技术技能人才。同时，随着经济全球化步伐的推进，国家之间科技

和经济的竞争日益加剧，要推动经济与科技发展就必须重视培养创新创业型人才，发挥人才对经济和科技的促进作用。

三、服务国家重大战略对高素质技术技能人才的需求越来越紧迫

推动经济高质量发展，加快发展先进制造业和现代服务业，助力精准扶贫，为青年提供更多人生出彩的机会，迫切需要发展高质量职业教育。高职教育在服务中国制造2025、服务脱贫攻坚、服务学习型社会建设、服务"一带一路"建设和国际产能合作、扩大开放和推动中国职业教育与企业协同"走出去"等国家战略中做出了重要贡献。我国已经进入新的发展阶段，产业升级和经济结构调整不断加快，新产业、新业态、新商业模式不断涌现，各行各业对技术技能人才的需求越来越紧迫，职业教育的重要地位和作用越来越凸显。

当前，世界正处于大发展、大变革、大调整时期。密切联系行业企业，直接服务实体经济发展，培育精益求精的工匠精神，大力培育众多"中国工匠"是职业教育的鲜明特色，也是新时代职业教育发展的强大动力。高职教育要主动适应新一轮科技革命和产业变革趋势，主动对接国家战略和倡议，主动服务科技强国、质量强国等领域，培养培训数以亿计的知识型、技能型、创新型高素质技术技能人才，促进我国产业迈向全球价值链中高端。

四、职业教育信息化要求高职教育加强培育技术技能人才的信息素养

党的十九大开启了加快教育现代化、建设教育强国的新征程。教育信息化是教育现代化的基本内涵和显著特征，是"教育现代化2035"的重点内容和重要标志，新时代赋予了教育信息化新的使命，以教育信息化支撑引领教育现代化，是新时代我国教育改革发展的战略选择。人工智能、大数据、区块链等技术迅猛发展，对高职教育产生革命性影响，互联网正深刻影响着青少年一代的学习、生活和成长，深刻改变了人才需求和教育形态。智能的环境改变了教与学的方式，并深入影响了教育的理念、文化和生态。

面向新时代和信息社会人才培养需要，要求高职教育以信息化引领，构建以学习者为中心的全新教育生态，开展信息化环境下的职业教育教学模式创新研究与实践，大力推进信息技术与教育教学深度融合，最大限度地调动学习者的主观能动性，促进教与学、教与教、学与学的全面互动，促进人的全面发展。

职业教育信息化对学生的自主学习能力、提出问题能力、人际交往能力、

创新思维能力、谋划未来能力提出了挑战，这对高职教育的育人目标提出了新的要求。要求加强学生信息素养培育，加强学生课内外一体化的信息技术知识、技能、应用能力以及信息意识、信息伦理等方面的培育，提高高职学生信息化职业能力、数字化学习能力和综合信息素养。将学生信息素养纳入学生综合素质评价，制定学生信息素养评价指标体系，建立一套科学合理、适合我国国情、可操作性强的学生信息素养评价指标体系和评估模型。

五、新时代新目标新要求迫切需要创新评价模式

党的十九大报告指出，完善职业教育和培训体系，建设知识型、技能型、创新型劳动者大军，弘扬劳模精神和工匠精神，营造劳动光荣的社会风尚和精益求精的敬业风气。这是国家对未来职业教育发展的时代性要求。可见，新时代对技术技能人才的要求已经从"培养数以亿计的工程师、高级技工和高素质职业人才"升级到"建设知识型、技能型、创新型劳动者大军"，知识型和创新型人才尤显重要。

（一）产业转型升级带来的人才需求变化迫切需要创新评价模式

当前我国正处在第四次工业革命时期，以互联网产业化、工业智能化、工业一体化为代表，以人工智能、清洁能源、无人控制技术、量子信息技术、虚拟现实技术以及生物技术为主的全新技术革命正以前所未有的规模和速度左右着产业转型升级，影响着传统职业的生存和发展。工业生产出现了新特征：一是产品由趋同向个性转变，每个生产者都将成为产品形态的设计者、创造者，生产的上中下游之间的界限更加模糊；二是用户由部分参与向全程参与转变，不仅出现在生产流程的两端，而且广泛实时参与生产和价值创造的全过程；三是智能生产系统将完成大部分的简单劳动，工人不再是生产线上的"螺丝钉"和简单的操作工，而主要是产品的设计者和智能生产系统的管理者。新一轮工业革命和产业转型升级带来了人才需求的变化：一是产业变化带来了人才结构变化；二是科技和生产变化带来了人才素质的变化。这些变化对高职教育人才培养的结构和质量提出了新挑战，迫切需要创新评价模式，以适应工业革命和产业转型升级的需要。

（二）高职教育高质量发展迫切需要创新评价模式

职业教育与经济社会发展、增进人民福祉息息相关。职业教育是国民教育体系和人力资源开发的重要组成部分。在党和政府的高度重视下，我国高职教育在国家

战略布局中快速发展、不断壮大，站在了新的历史起点上。高职教育作为培养思想政治坚定、德技并修、全面发展的高素质技术技能人才的教育类型，质量不高成为制约其发展的短板，迫切需要创新符合高职教育发展规律和人才培养目标要求的评价模式，关注高职学生的学习行为特点和成长规律，促进评价理论与实践相结合，实施适合高职学生发展的教学评价内容、评价方法、评价成效和评价模式，改造传统教学评价的弊端，助力学生成长成才，推进高职教育的高质量发展。

（三）提高技术技能人才培养质量迫切需要创新评价模式

建设现代化经济体系、加快实体经济发展、推动产业转型升级对技术技能人才的培养质量提出了越来越高的要求，迫切需要高职教育创新评价模式，完善学校、行业、企业、研究机构和其他社会组织共同参与的评价机制，构建以学习者的职业道德、技术技能水平、创新能力、学习能力、关键能力等为核心的评价体系，重视学生的增量评价，实时监测学生各项能力的提升，激发高职学生的学习动机和内在潜力，开创"人人皆可成才，人人尽展其才"的生动局面，使每个学生都能做最好的自己，为建设人力资源强国和创新型国家提供人才支撑。

第三节 高职生源结构多元化需要变革评价模式

随着考试招生制度改革的不断深入，已基本形成了多元化的考试招生模式，有效保障了高职院校的生源，为高职院校的健康发展提供了有力支撑。

一、考试招生制度改革使生源结构多元化

《国家中长期教育改革和发展规划纲要（2010—2020年）》提出了改革考试招生制度，逐步实施高等学校分类入学考试。2013年，教育部出台的《关于积极推进高等职业教育考试招生制度改革的指导意见》提出，"逐步与普通高校本科考试分离，重点探索'知识+技能'的考试评价办法，为学生接受高等职业教育提供多样化入学形式。逐步形成省级政府为主统筹管理，学生自主选择、学校多元录取、社会有效监督的中国特色高等职业教育考试招生制度。" 2014年，国务院发布《关于深化考试招生制度改革的实施意见》，明确要形成分类考试、综合评价、多元录取的考试招生模式，高职院校考试招生与普通高校相对分开，实行"文化素质+职业技能"评价方式；2017年全面推进考试招生制度改革，分类考试

招生成为高职院校招生的主渠道,到2020年基本建立中国特色现代教育考试招生制度。在国家政策指导下,各省市高职考试招生制度改革不断深化和完善,多元化考试招生模式逐步形成,普通高考、春季高考、单独招生、对口招生、综合评价招生、中高职贯通招生和技能拔尖人才免试招生等多种招考形式并存,互为补充,有效保障了高职院校人才的"入口",同时,也使高职教育生源结构多元化。

以山东省为例:2001年开办初中起点五年一贯制大专班(高职);2009年探索单独招生试点;2012年正式启动春季高考;2014年开展注册入学试点,实施技能拔尖人才免试招生;2017年山东省成为国家第二批高考综合改革试点省份,教育部批复了《山东省深化考试招生制度改革实施方案》,高职院校招生录取采取春季高考、单独招生、综合评价招生等方式进行,分类考试招生将成为高职院校招生的主渠道。从不同生源占比及变化趋势来看,目前山东高职院校的生源结构呈现多元化特征。2014~2018年普通高考招生规模(包括春季高考和夏季高考)占比由55.21%逐年上升到58.95%,呈现基本稳定但缓慢上升趋势,依然是考试招生的主渠道,春季高考的比例越来越大;中高职贯通招生占比从9.87%上升到2016年的16.7%,至2018年逐步回落到14.39%,但总体呈现明显上升趋势;单独招生占比由15.39%上升到17.53%,基本稳定但略有上升;对口招生占比从12.06%下降到8.18%,呈现明显下降趋势。综合评价招生、技能拔尖人才免试招生等考试招生形式,基本保持稳定。2014~2018年,山东省高职院校不同生源占比趋势如图11-1所示。

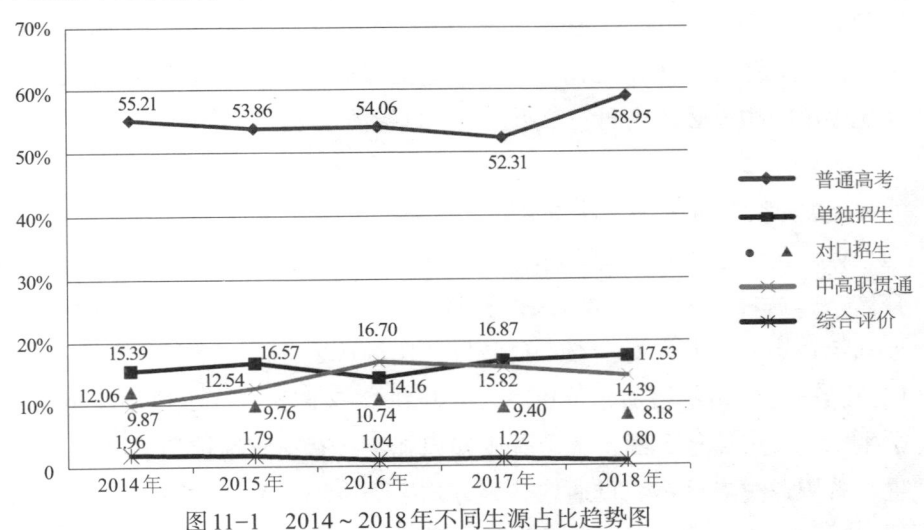

图11-1 2014~2018年不同生源占比趋势图

数据来自2014~2018年山东省人才培养工作状态数据采集与管理平台

二、高职院校学生特质分析

任何事物的发展都有其内在的规律性,这种规律性是事物内在的必然联系,决定着事物发展的方向和趋势。人才现象也不例外,人才的成长和发展也具有自身的规律性。人才成长规律是指人才成长过程中各种本质的和必然的联系,是各种主观因素与客观因素相互作用的结果。这种联系不断重复出现,在一定条件下经常起作用,并且决定着人才必然向某个方向、某种趋势发展。人才成长规律是客观存在的,是不以人们的意志为转移的。人们不能创造规律,更不能违反规律,但可以通过实践认识和利用规律。要促进人才的成长和发展,就要把握人才成长的规律。

(一)生源结构多元化

考试招生制度改革的不断深入,使高职院校教育对象群体呈现多样性和多元化态势。一直以来,高职院校生源以普通高中生为主,分类考试改革后,生源结构呈现多元化特征。从山东省2018年不同生源占比图中看出,多元化的考试招生模式已经形成,除普通高考以外,中高职贯通招生、单独招生、对口招生和技能拔尖人才免试招生等形式占到接近50%的比例。不同类型生源具有不同的学习特征,且差异较大,如普通高考学生文化基础较好,理解能力和抽象思维能力较强,更容易理解和掌握专业知识;中职毕业生由于没有经历高中阶段的系统学习,自学能力和理解能力需要提高,但具备一定专业技能和专业意识;注册入学的学生缺乏良好的学习生活习惯,养成教育任务艰巨,等等。多元化生源结构势必造成同一专业、同一班级内学生个性化差异较大。

(二)教育对象需求多样化

多元化的生源必将有多样化的培养需求,尤其是国家加快构建现代职业教育体系,这种个体之间的需求差异日趋多样。以山东省毕业生就业去向为例:近三年,毕业生升入高一级本科院校的比例从2.5%上升到5%左右;选择自主创业的毕业生逐年增加,从0.88%上升到2.2%;另有一定比例学生参军入伍,学生职业发展路径不断扩大。基础知识扎实、有钻研精神和学习动力的部分学生,希望通过专升本、贯通培养等方式接受应用型本科学历教育,强化理论知识学习,建立持续学习和职业发展通道;具有较强的实践能力、适应能力和发展潜能的部分学生，希望加强技能训练，掌握一技之长，选择具有一定技术基础和能力要求的岗位就业发展；富于创新精神和较强职业核心能力的学生，希望根据个人兴趣和爱好自主创业，实现"大众创业，万众创新"的梦想。同时，"90后""00后"高职学生对学习时间、场所、方式、节奏等自主性要求越来越高，"灌输式""大班化"等传统教学模式已适应不了个性化学习需要。"努力让每个人都有人生出彩的机会"是高职教育的使命，面临多样化的教育对象需求，高职院校迫切需要制定多元化人才培养目标，构建多样化人才培养体系。

（三）教育对象群体多样化

新的考试招生制度改革提出，对报考高等职业学校的考生增加技能考查内容，招生学校依据考生相关文化成绩和技能成绩，参考综合素质评价，择优录取。至2018年，山东省春季高考、对口招生等实行"知识+技能"的考试评价办法方式的录取生源占一半以上。"知识+技能"的考试评价办法体现了职业教育的本质属性，遵循高职教育人才选拔和培养规律，凸显出高职与普通本科的特色差异。"知识+技能"的考试评价方法使录取的高职生具有较好的专业基础技能和一定的文化基础知识，面对生源新特征，要求高职院校构建科学的课程体系和灵活的评价方式。

三、职业教育学生学习行为特点

职业教育作为国家教育体系的重要组成部分，与基础教育、普通高等教育一样，在经济社会发展中发挥着重要的不可替代的作用。党的十八届三中全会做出了加快现代职业教育体系建设的战略部署，2014年，国务院出台《关于加快发展现代职业教育的决定》《现代职业教育体系建设规划（2014—2020年）》，明确了我国现代职业教育体系的建设方针、时间表、路线图，我国加快发展现代职业教育的理念和蓝图已经形成。目前，我国已建成世界上规模最大的职业教育体系，高职教育培养了越来越多的高素质技术技能人才，成为实现"中国制造2025"等国家战略重要的支撑力量。高职院校育人目标要落实到做好两个服务：一是促进学生高质量就业，二是促进人的全面发展。

促进高质量就业决定了职业院校必须深化产教融合，校企合作，要发展与市场相匹配的职业教育，培养与市场相匹配的职业人才，形成"不唯学历凭能力"的社会氛围。而职业教育要达到培养高素质劳动者和技术技能人才的目标，就要不断加大力度培养学生的职业综合能力和职业素养。随着社会的不断发展，社会和职场对学生的要求不再仅仅满足于技能，对学生的适应能力、创新能力和团队协作能力等的要求也越来越高。

促进人的全面发展要求职业教育要实行工学结合、知行合一的培养模式，培养目标是职业精神与技术技能高度融合。这就要求职业教育在人才培养过程中要紧密结合现实需求，坚持以能力培养为主线、以提高人才综合素质为目标，秉承"德技双馨"的人才培养理念。

但是，众所周知，职业院校学生普遍学习基础薄弱，学习动机、学习能力、自我约束力不强，学习积极性、学习兴趣不高，这对职业院校提高人才培养质量、培养高素质劳动者和技术技能人才提出了挑战。职业院校学生学习行为存在以下四方面的问题。

（一）尚未形成科学的价值观

职业院校处于学校与社会的交接点，学生对于自身价值的体现感到迷茫。很多学生只把工作学习当作一种谋生的手段，从而使得职业教育的整体水平下降。职业院校学生价值的缺失，使学生缺乏学习动机，对自己所学专业不感兴趣，学习积极性明显不足。最终导致发展自信心不足，缺少工匠精神，这对于我国职业教育的健康发展是极其不利的。

（二）学习目标不明确

大部分学生进入职业院校都是高考或中考失败后的选择，顺利通过考试，拿到毕业证，并找到一份体面的工作成为职业院校学生的目标之一。这样的目标将学习变为一种被动的应付，不能给学生带来学习动力。同时，许多职业院校学生对行业的了解少之又少，对自己所涉及的行业不感兴趣，这些因素都不利于职业教育人才培养质量的提高。

（三）学习自主性较差

由于缺失正确的价值观，职业院校学生应付学习和逃课现象严重，缺少学习自主性。一是课堂参与度较低，学习效果较差，学习成效大打折扣。二是课下缺乏主动学习的积极性，仅有小部分的学生能在课余时间对所学的专业知识进行预习和复习，少有学生主动地探究和思索问题，很少会主动寻找学习机会。

（四）自我约束能力差

职业院校学生由于没有养成良好的学习习惯，学习态度不够端正，考试成绩总是不理想，使他们感觉自己前途渺茫，容易使学生产生厌学情绪。再加上信息化时代，学生有更多的机会接触社会、认识社会和了解社会，学生自我约束能力差，容易受外界各种因素的诱惑，社会中的一些不良风气和不文明现象也在不断侵蚀着学生。

四、传统教学评价的不足

长期以来，受应试教育的影响，我国的评价体制过分偏重于考试的选拔功能，带有严重的甄别倾向，致使评价目的、评价主体、评价对象、评价方法、评价结果和结果反馈等偏离服务人的全面发展、服务就业能力提升的育人目标，形成了封闭的、片面的、绝对的评价观。传统教学评价在以下五个方面存在不足。

（一）评价目的过分强调甄别功能，忽视诊断和发展功能

传统教学评价热衷于把少数学习成绩优异者选拔出来，执着于排名次、比高低。在评价过程中，只有少数所谓的"优秀者"能体会到成功的快乐，而大多数人则被认为是"失败者"。这样的评价目的没有发挥出教学评价促进发展的功能，不利于帮助每个学生认识自我，不利于挖掘学生的潜能。

（二）评价主体单一，尚未形成多元参与的格局

传统的教学评价体系以教师为考核评价主体，忽视了学生的自评与互评，学生参与评价比例较低，行业企业专家参与评价不足，缺少来自职教专家、毕业生的评价。实践教学的评价缺乏科学性、客观性和公正性，导致评价整体效度不高，评价对学生综合素质提高和全面发展起不到促进作用。

（三）评价内容片面，忽视职业核心能力的评价

高职教育教学评价内容主要包括学生的知识、能力、素质等诸多要素。而目前高职院校的教学评价更多的是对学生知识和技能方面的评价，缺乏对学生职业核心能力（如职业道德、团队协作、合作创新等能力）和职业素养的评价。导致评价指标体系不够完整，另外，各指标权重设置不够科学，缺少必要的量化分析，不利于激发学生的学习动机，无法满足其就业和终身发展的需要。

（四）评价标准缺失，不能体现个体差异化

评价标准即关于课程价值标准的理解问题，评价标准的缺失，使教学评价过多重视相对标准的评价，忽视绝对标准和自我标准的评价。没有关注学生个体的纵向发展，忽视学生成长过程中的发展变化，不利于学生的个性化发展，不利于高职教育实施因材施教。

（五）评价方法单调，不重视过程性评价

评价方法即开展评价用的方法和手段。目前在高职教育教学评价中，主要采用结果性评价方式，过程性评价应用不足，教师虽然已经了解和认识过程性评价，但由于操作复杂等原因，仍然没有被广泛应用。对学生学习效果评价不能根据学生个体特点、不同的学习情境采取灵活多样的评价方法，不利于调动学生学习的积极性和主动性，更不能发挥学生的个体潜能。

五、生源结构多元化迫切需要发展性评价

考试招生制度改革使生源结构多元化，倒逼高职院校深入研究高职教育规律和学生成长成才规律，创新评价模式，开展发展性教学评价，以适应培养对象多样化的需求，全面提高人才培养质量。

（一）树立科学的人才观和质量观

立德树人是教育的根本任务，高职院校要将培育和践行社会主义核心价值观融入人才培养全过程，培养学生坚定理想信念、坚守社会道德，培育学生工匠精神、创新意识和就业创业能力，把提高职业技能和培养职业精神高度融合。树立科学的人才观和质量观，贯彻"人人皆可人才，人人尽展其才"的教育理念，制定科学的质量衡量标准，使学生"人人有增量，人人有进步"，营造"不唯学历凭能力""行行出状元"的环境，成就每个高职学生的出彩人生，培养数以亿计的高素质技术技能人才。

（二）实施发展性教学评价

通过发展性评价，使学生树立自信心，激发学生的潜能，进一步促进学生成长成才。根据高职学生学习行为特征和成长规律，能力评价和素质评价并重，对学生的岗位能力、质量意识、合作能力、学习能力、创新能力等进行综合评

价，淡化传统教学评价的甄别与选拔功能，促进学生不断发展、进步，实现自身价值。坚持全面评价学生的潜能，同时关注学生的个体差异，注重对学生的情感、意志、态度和创新个性的培养，用多把"尺子"评价学生，从课堂教学评价、学习能力评价、学习效果评价等多渠道促进高职学生全面发展、持续发展、个性发展。通过建立学生成长记录等方式，展现学生的学期增值效果和课程增值效果，在德尔菲调研法和层次分析法的基础上，构建职业核心能力导向的高职学生学习效果评价模型，以育人为目标，实施学生学习效果评价。

参考文献

［1］姜大源.职业教育要义［M］.北京：北京师范大学出版社，2017.

［2］何燃.习近平人才强国思想研究［D］.上海：东南大学，2018.

［3］杨克勤.我国推进人才强国战略的问题与对策研究［D］.锦州：渤海大学，2018.

［4］王淑慧.多元化教学评价的研究：基于芙蓉中华中学华文多元化教学评价的个案分析［D］.武汉：华中师范大学，2011.

［5］朱德全.教育测量与评价［M］.北京：高等教育出版社，2016.

［6］翟思卿.近十五年来我国教育评价研究的演进分析［D］.郑州：河南大学，2014.

［7］钟桂英.发展性高职教育教学评价［M］.北京：中国轻工业出版社，2011.

［8］赵培.高等职业教育教学评价体系发展性探究［M］.北京：中国纺织出版社，2018.

［9］田迎宾.发展性学生评价在初中物理教学中的实践探索［D］.延边：延边大学，2011.

［10］李纪宾.基于多元智能理论的高职职业生涯规划课程教学评价研究［D］.开封：黄河水利职业技术学院，2019.

［11］陆海燕.发展性教学评价及其在学科中应用之研究［D］.苏州：苏州大学，2014.

［12］郭丽青.促进学习的课堂即时性评价研究［D］.桂林：广西师范大学，2016.

［13］邹尚智.发展性教学与学生评价指津［M］.天津：天津教育出版社，2011.

［14］邓丽.网络环境下高职学生自主学习能力培养策略研究［D］.聊城：聊城大学，2014.

［15］梁传杰.基于雷达图法的高校学位点监控机制之构建［J］.中国高教研究，2012（1）：63-68.

［16］田明君，孔敏，井辉.校企共建高职软件技术实训评价体系研究与实践

［J］．中国教育技术设备，2016（8）：149-150．

［17］高云，李亚洁．基于Delphi法和AHP的一级护理质量评价指标权重确定［J］．第四军医大学学报，2009（2）：181-183．

［18］杜琳．利用电子学档培养初中生反思能力的研究［D］．济南：山东师范大学，2014．

［19］欧阳河，李剑，袁东敏，等．高职院校服务质量实证研究：以我国27个省、市、自治区高职院校应届毕业生抽样调查为例［J］．教育研究，2012（7）：51-58．

［20］裴甲美．天津市高职院校联盟化发展的SWOT分析及策略研究［J］．职教通讯，2015（34）：58-61．

［21］李贺伟，王忠诚．吸引行业企业参与学校职业教育的策略研究：基于SWOT分析［J］．职教论坛，2016（4）：9-13．

［22］谈松华．关于教育评价制度改革的几点思考［J］．中国教育学刊，2017（4）：7-11．

［23］谢文琴．国内发展性教学评价研究综述［J］．职教论坛，2014（27）：70-71．

［24］毛莹．美国大学教学评价的特点及其启示［J］．中国电子教育，2007（1）：43-46．

［25］王凯．英国学生评价现状及发展趋势研究［J］．全球教育展望，2002（10）：67-71．

［26］孙美荣．英国顶尖大学教学评价的思考与借鉴［J］．天津市教科院学报，2014（4）：38-40．

［27］熊霞．德国应用技术大学课程教学评价特征探析［J］．现代商贸工业，2016（12）：174-175．

［28］陈志敏．美国教师教学评价及对我们的启示［J］．基础教育参考，2010（21）：39-41．